Louie Läuger

Gender-Kram
Illustrationen und Stimmen zu Geschlecht

Für Lou.

Impressum

Bibliografische Information
der Deutschen Bibliothek:
Die Deutsche Bibliothek ver-
zeichnet diese Publikation
in der Deutschen National-
bibliografie; detaillierte
bibliografische Daten sind
im Internet über http://dnb.
ddb.de abrufbar.

Louie Läuger
Gender-Kram. Illustrationen
und Stimmen zu Geschlecht
2. Auflage, Mai 2021
ISBN 978-3-89771-327-7

© UNRAST-Verlag, Münster
www.unrast-verlag.de
kontakt@unrast-verlag.de
Mitglied der assoziation
Linker Verlage (aLiVe)

Umschlag: Louie Läuger
Satz: Louie Läuger
Druck: Multiprint, Kostinbrod

Louie Läuger

Gender-Kram
Stimmen und Illustrationen zu Geschlecht

INHALT

1

DIE BASICS

Seite 7

2

BIOLOGIE: DAS ZUGESCHRIE-BENE GESCHLECHT

Seite 19

3

GESCHLECHT ALS SOZIALES KONSTRUKT

Seite 39

4

GESCHLECHTSIDENTITÄT

Seite 65

5

GESCHLECHTSAUSDRUCK

Seite 167

6

COMING OUT/ INVITING IN

Seite 203

7

UND JETZT!?

Seite 217

1

Die Basics

Geschlecht ist ein verdammt kompliziertes Thema.

Über das eigene Geschlecht nachzudenken, ist schon schwer genug. Das Geschlecht von anderen nachempfinden wollen? Scheint manchmal unmöglich.

Dieses Buch ist hier, um dir dabei zu helfen.

Was du über dieses Buch wissen solltest:

* Es ist nicht vollständig.
* Es ist nicht frei von Fehlern.
* Es wird dir nicht erklären, was »richtig« und »falsch« ist. (Denn was ist das schon?)

Sorry dafür!

Der Frage »Was ist Geschlecht?« kann mit mehr als einer Antwort begegnet werden. Ich möchte dir in diesem Buch verschiedene Perspektiven aufzeigen.

Du kannst dieses Buch als eine Art Karte für die Geschlechter-Landschaft betrachten.

Oder als Notizbuch, mit dessen Hilfe du über dein eigenes Geschlecht nachdenkst.

Oder als Werkzeugkoffer, mit dem du dich empathischer in andere hineinversetzen kannst.

Oder eben einfach nur als Buch, auch okay.

Was du vielleicht über mich wissen möchtest:

Das bin ich.
HI!
Ich heiße Louie und bin Illustrator*in und Autor*in.
Ich mag Kaffee und Feminismus.

Das ist meine Katze. Sie heißt Katze und ihr ist Geschlecht so richtig egal.

Das ist die Perspektive, aus der ich schreibe:

Ich habe weiße Privilegien.

Ich wurde sehr traditionell als Mädchen erzogen.

Dieses Buch entstand im Kontext meines Master-Studiums.

Ich bin queer. (Was das bedeutet, steht unter anderem auf der nächsten Seite.)

Ich bin Aktivist*in für intersektionalen Feminismus.

EIN SPICKZETTEL

Viele Begriffe, die ich verwende, sind möglicherweise neu für dich - das ist okay, keine Sorge. Als ich angefangen habe, mich mit Geschlecht zu beschäftigen, hat es mich ganz schön eingeschüchtert, die Hälfte erstmal nicht zu verstehen. Als müsste man Vokabeln für eine Fremdsprache lernen. Deswegen werde ich versuchen, jedes schwierige oder komplizierte Wort zu erklären, wenn ich es das erste Mal verwende.
Um den Einstieg für dich leichter zu machen, habe ich hier einen Spickzettel zusammengestellt. Der ist natürlich super unvollständig und viel zu kurz gefasst, nur eine Erinnerungshilfe eben.
Am Ende ist Platz für deine eigenen Eselsbrücken und Notizen. (Ja, du darfst in dieses Buch reinschreiben.) Du kannst diese Seite auch überspringen und erst zurückkommen, wenn du sie brauchen solltest.

Die wichtigen, unheimlichen und großen Wörter.

AFAB/AMAB — Steht für »assigned female at birth«/»assigned male at birth«. Drückt aus, welches Geschlecht einer Person bei Geburt zugeschrieben wurde. Die englischen Begriffe »female« und »male« bedeuten »weiblich« und »männlich«.

cis — Die Geschlechtsidentität einer cis-geschlechtlichen Person stimmt mit dem Geschlecht überein, welches ihr bei Geburt zugeschrieben wurde.

Dysphorie — Im Kontext von Geschlecht ist mit dem Begriff der Dysphorie das Unwohlsein gemeint, welches Personen empfinden, deren zugeschriebenes Geschlecht nicht mit ihrer Geschlechtsidentität übereinstimmt.

endo — Eine Person, die nicht (→) inter* ist, ist endo.

Gender — Das sozial konstruierte Geschlecht. Also kulturelle und soziale Erwartungen, die an eine Person wegen des ihr zugeschriebenen Geschlechts gestellt werden.

inter* — Die biologischen Geschlechtsmerkmale einer inter*geschlechtlichen Person lassen sich nicht eindeutig einer der Kategorien »Mann« oder »Frau« zuordnen. Ausführlicher dazu ab Seite 25.

Intersektionalität	–	Ein Konzept, das auf die spezifischen Überschneidungen von Diskriminierungsformen hinweist. Es wird beispielsweise betrachtet, wie die Erfahrung von Menschen aussieht, die sowohl von Sexismus als auch von Rassismus betroffen sind.
sex	–	Mit dem englischen Begriff »sex« sind alle biologischen Geschlechtsmerkmale gemeint.
trans*	–	Die Geschlechtsidentität einer trans* Person stimmt nicht mit dem Geschlecht überein, welches ihr bei Geburt zugeschrieben wurde. Das * steht für die verschiedenen möglichen Endungen des Wortes und Verständnisse des Begriffs.
Transition	–	Das englische Wort bedeutet übersetzt Übergang oder Wandel. Bei Geschlecht wird es häufig verwendet, um die Phase zu beschreiben, in welcher von einem Geschlecht zu einem anderen gewechselt wird.
queer	–	Kann aus dem Englischen mit »von der Norm abweichend« übersetzt werden. Hat keine eindeutige oder feste Definition, wird aber von vielen Menschen als Sammelbegriff für Personen verwendet, die nicht cis und/oder nicht hetero sind.

Was wir als Gesellschaft über Geschlecht wissen und glauben, ist noch immer dabei, sich zu verändern und zu wachsen. Jede Person hat ein etwas eigenes Verständnis von Geschlecht - deins unterscheidet sich möglicherweise sehr von meinem. Und statt darüber zu streiten, wer nun Recht hat, können wir auch fragen: Was können wir voneinander lernen?

Ich muss mich selbst oft daran erinnern, geduldig mit mir selbst zu bleiben: Es ist okay, dass ich nicht alles weiß. Es ist okay, zu lernen und dabei Fehler zu machen.

WIE DU MICH FINDEST
@tenderrebellions
tenderrebellions.com

Dieses Buch ist durch die Hände von vielen Menschen gegangen, in dem Versuch, es so inklusiv wie möglich zu gestalten. An dieser Stelle Danke an Anna, Sabrina und Tascha vom *innenAnsicht Magazin, Noah und Nick vom RosaLinde e.V. und meine Lektorin Caro.

Vermutlich werden sich trotzdem Fehler oder problematische Formulierungen zwischen die Zeilen geschlichen haben. Wenn du dich nicht repräsentiert fühlst: Erzähl mir davon, lass mich das wissen und von deiner Erfahrung lernen! Nach der Veröffentlichung dieses Buches möchte ich weiter durch Illustrationen die Stimmen marginalisierter (also an den Rand gedrängter) Gruppen sichtbar machen - diese findest du dann in sozialen Medien.

SEX & GENDER

Diese Begriffe sind dir vielleicht schonmal begegnet, wenn du dich mit Geschlecht beschäftigt hast. Viele Menschen verwenden die englischen Wörter für Geschlecht, weil sie zwei verschiedene Bedeutungen voneinander abtrennen. Im Deutschen haben wir nur ein Wort, um sehr viele Dinge gleichzeitig zu beschreiben. Geschlecht könnte für dich unter anderem Folgendes bedeuten:

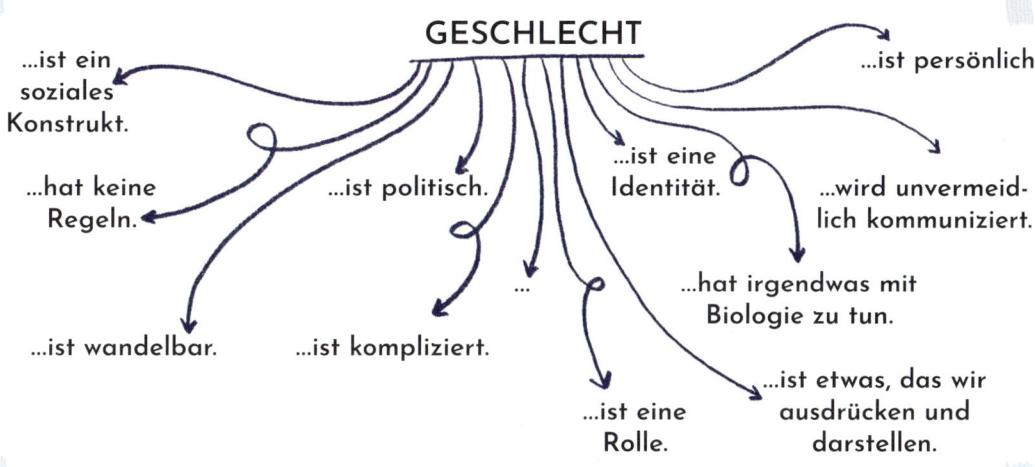

GESCHLECHT

...ist ein soziales Konstrukt.

...hat keine Regeln.

...ist wandelbar.

...ist politisch.

...ist kompliziert.

...

...ist eine Rolle.

...ist eine Identität.

...ist persönlich.

...wird unvermeidlich kommuniziert.

...hat irgendwas mit Biologie zu tun.

...ist etwas, das wir ausdrücken und darstellen.

Geschlecht kann super verwirrend und aufwühlend sein. In diesem Buch werden wir die verschiedenen Aspekte von Geschlecht nacheinander erkunden.

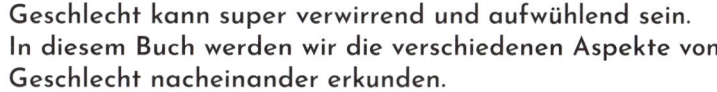
Falls es dir irgendwann zu viel wird, fühl dich frei, nur Abschnitte zu lesen oder Pausen zu machen oder mit Freund*innen zusammen zu lesen.

Gerade bei einem so persönlichen Thema wie Geschlecht ist es wichtig, achtsam und liebevoll mit sich selbst umzugehen. Nimm dir all die Zeit, die du brauchst.

So sah die Vorstellung von Geschlecht lange aus. Unsere Eltern und vielleicht auch wir selbst sind mit solchen Darstellungen groß geworden.

Heute sagen viele Menschen, Geschlecht sei ein Spektrum. Vielleicht kennst du Darstellungen von Lichtspektren noch aus der Schule.

Irgendwie so sieht das Spektrum von Tageslicht aus.

Geschlecht ist kein Thema, bei dem wir von »entweder-oder« reden müssen.

Sich Geschlecht als Spektrum vorzustellen hat den Vorteil, dass unsere Wahrnehmung sich dadurch ein bisschen verschiebt: Alles wird etwas flexibler, nichts muss mehr 100% sein, neue Möglichkeiten werden sichtbar.

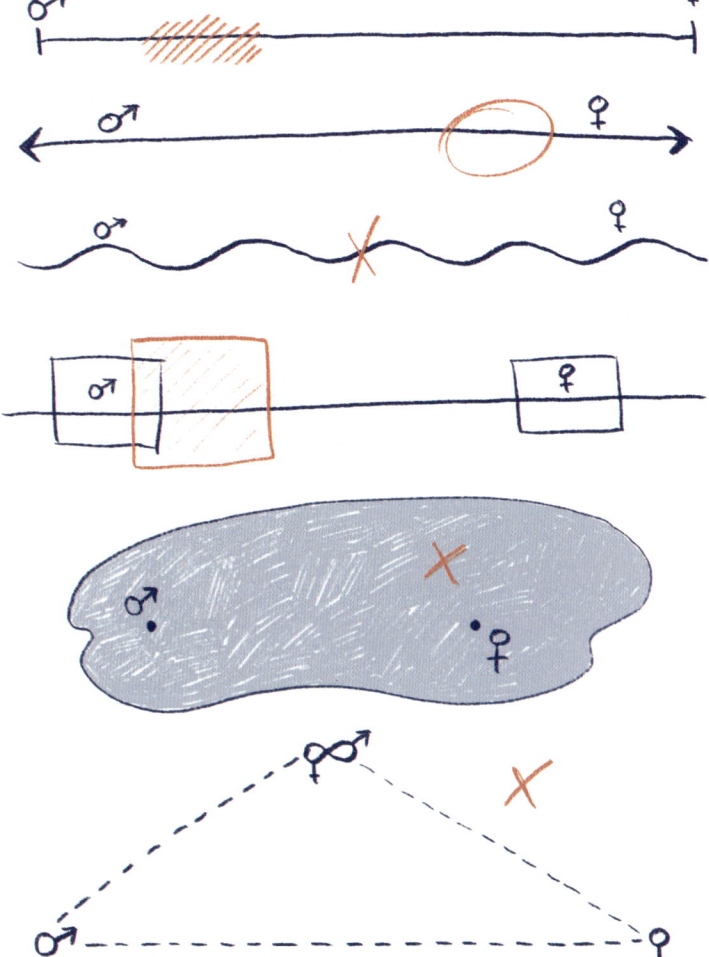

Ein Spektrum, und wo du dich auf diesem befindest, kann ganz unterschiedlich gezeichnet werden. Keine dieser Darstellungen ist perfekt. Das sind eben alles nur Modelle, die uns dabei unterstützen sollen, etwas zu begreifen, was sonst arg kompliziert wäre. Wenn das für dich hilfreich ist: Zeichne gern Modelle in dieses Buch/zu den Erklärungen von Geschlecht. Wenn solche Darstellungen dich mehr verwirren als alles andere: Ignoriere sie einfach. Nimm das aus diesem Buch mit, was du brauchst und was dich unterstützen kann.

Menschen erleben Geschlecht sehr unterschiedlich. Dabei spielt auch ein Konzept eine Rolle, das Intersektionalität heißt.

Die beiden Frauen wollten darauf aufmerksam machen, dass Schwarze Frauen in keinem Diskurs mitgedacht wurden. Die Anti-Rassismus-Bewegung konzentrierte sich auf die Probleme Schwarzer Männer – der Feminismus auf die Bedürfnisse *weißer* Frauen.

Ain't I a woman?
—
Bin ich nicht auch eine Frau?

Die Aktivistin Sojourner Truth hielt 1851 eine berühmte Rede mit diesem Titel, später wurde der Satz von der Autorin bell hooks aufgegriffen.

Intersektionalität beschreibt die Vorstellung, dass die Diskriminierungserfahrungen einer Person aus der individuellen Überschneidung mehrerer Ebenen entstehen. Beispiel: Die Erfahrung einer Schwarzen, lesbischen Frau ist ganz anders als die einer weißen Frau im Rollstuhl. Obwohl sie die Ebene von »Frau-Sein« teilen.

Die Feministin und Juristin Kimberlé Crenshaw prägte den Begriff der Intersektionalität.

Eine intersektionale Perspektive soll dabei helfen, Diskurse weniger eindimensional zu führen und Themen differenzierter zu betrachten.

Ich stelle mir Intersektionalität gerne wie einen Wollknäuel vor: Zieht man irgendwo einen Faden raus, gibt es einen Knoten. Stattdessen muss beachtet werden, wie die Fäden übereinander liegen: Wo überschneidet sich was und warum?

Geschlecht

Behinderung

Körper

ethnische Herkunft

Religion

Sprache

Hautfarbe

sexuelle Orientierung

Alter

Generation

Normschönheit

Bildungshintergrund

Es kann eine ganze Vielzahl von sogenannten Strukturkategorien oder Diskriminierungsmarkern gleichzeitig betrachtet werden. Fallen dir noch welche ein?

Mit einer intersektionalen Perspektive ergibt sich ein sehr differenziertes Bild von sehr spezifischer Diskriminierung.

Eine Frau im Rollstuhl wird möglicherweise nur für ihre Beeinträchtigung gesehen und nicht als Mensch mit Geschlecht und sexueller Orientierung.

Einer Frau mit Hijab wird vielleicht zugeschrieben, dass sie keine eigenständige Person sein dürfe und von ihrem Mann unterdrückt würde.

In Wahrheit lebe ich selbstbestimmt. Meine freien Entscheidungen siehst du mir wegen deiner Vorurteile nicht an.

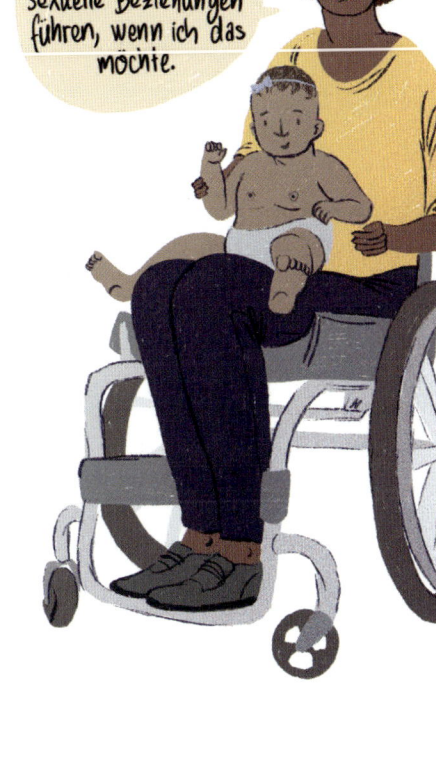

Dabei kann ich romantische und sexuelle Beziehungen führen, wenn ich das möchte.

Eine mehrgewichtige Frau wird potenziell als unhygienisch, ungepflegt, faul und hässlich beschimpft.

Diese Stereotype sind Fettfeindlichkeit und eine Form von Diskriminierung.

Diese Frauen machen sehr unterschiedliche Erfahrungen mit Diskriminierung - weil sich die Ebene Geschlecht mit anderen Ebenen kreuzt. Das heißt auch: Eine Person kann wegen einigen Eigenschaften diskriminiert werden, aber wegen anderen in einer privilegierten Position sein.

Es ist wichtig, sich immer wieder bewusst zu machen: Meine Erfahrung ist nicht gültig für alle Menschen und lässt sich nicht einfach so übertragen.

2

Biologie: Das zugeschriebene Geschlecht

Die erste Ebene von Geschlecht, die wir uns anschauen, ist die Biologie. Viele Menschen können damit am ehesten etwas anfangen, weil es sehr greifbar ist: Wir schauen uns an, wie ein Körper aufgebaut ist.

Dabei reden wir von dem biologischen Geschlecht (dem englischen »sex«) oder auch vom zugeschriebenen Geschlecht. Zugeschrieben deshalb, weil bei deiner Geburt ein*e Ärzt*in festgelegt hat:
Das ist ein Junge. /
Das ist ein Mädchen.

Herzlichen Glückwunsch, es ist ein _____ .

Diese Zuweisung passiert auf Basis der Genitalien.

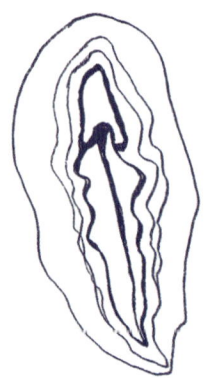

Das Kind hat eine Vulva, also ist es ein Mädchen.

Das Kind hat einen Penis, also ist es ein Junge.

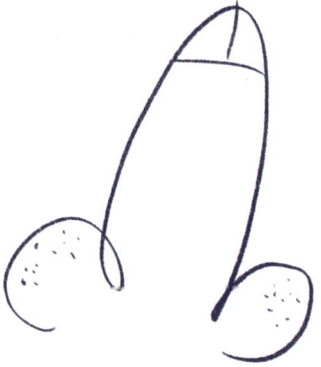

Geschlecht hat aber noch viel mehr biologische Merkmale, als die Genitalien.

	A	B	C
Ich habe...	...eine Vulva.	...einen Penis.	...beides/weder noch/ich weiß es nicht.
Ich menstruiere/habe mal menstruiert/würde menstruieren, wenn ich nicht die Pille nehmen würde.	Ja.	Nein.	Weiß ich (noch) nicht.
Ich habe Hoden.	Nein.	Ja.	Vielleicht?
Ich habe eine Gebärmutter.	Ja.	Nein.	Keine Ahnung.
Mein Körper produziert...	...mehr Östrogen als Testosteron	...mehr Testosteron als Östrogen.	Das weiß ich wirklich nicht.
Meine Chromosomen sind...	XX	XY	Sollte ich das wissen?
Ich hatte/habe einen Stimmbruch.	Nicht merklich.	Ja./Bestimmt bald.	Weiß ich (noch) nicht.
Ich habe Bartwuchs.	Nein.	Ja./Ein bisschen.	Noch nicht./Weiß ich nicht.
Ich habe Brüste	Ja.	Nein.	Noch nicht./Ich bin mir nicht sicher.
Meine Schultern sind eher...	...schmal.	...breit.	Kann ich nicht einschätzen.

Am meisten A	Am meisten B	Am meisten C
Dir wurde bei Geburt vermutlich das Geschlecht »weiblich« zugewiesen.	Dir wurde bei Geburt vermutlich das Geschlecht »männlich« zugewiesen.	Es ist okay, unsicher zu sein oder vieles nicht so genau zu wissen. Was es damit auf sich haben könnte, wenn du A, B und C angekreuzt hast, klären wir noch.

In unserer Gesellschaft werden Menschen also auf Basis ihrer Körper in die Kategorien »Mann« und »Frau« sortiert. Dieses System haben wir uns als Menschen ausgedacht. Klar, Körper sind biologisch verschieden, das bestreite ich gar nicht – aber Körperteile in zwei Boxen zu sortieren und die eine »Mann« und die andere »Frau« zu nennen, das haben wir uns so überlegt. Wir hätten uns auch ein ganz anderes System ausdenken können. Sowas zum Beispiel:

GESCHLECHT 1

Person mit flachem Brustkorb und Gebärmutter.

GESCHLECHT 2

Person mit deutlich ausgebildeten Brüsten und Gebärmutter.

GESCHLECHT 3

Person mit Gebärmutter und Hoden.

GESCHLECHT 4

Person mit flachem Brustkorb und Hoden.

GESCHLECHT 5

Person mit deutlich ausgebildeten Brüsten und Hoden.

GESCHLECHT 6

Person mit anderen Merkmalen.

Deswegen sprechen wir von dem zugeschriebenen Geschlecht: Weil wir die Klassifikation in zwei Kategorien aktiv vornehmen.

Das heißt nicht, dass du dich bis heute oder für immer mit dem dir zugeschriebenen Geschlecht identifizieren musst. Außerdem war diese Zuschreibung vielleicht komplett falsch – der*die Ärzt*in hat sich schließlich nur deine Genitalien angeschaut, in den meisten Fällen werden Chromosomen und Hormone und alles andere bei der Geschlechtszuschreibung völlig ignoriert.

Erinnerst du dich an die Idee von Geschlecht als Spektrum? (Wenn nicht, kein Problem, schau dir nochmal Seite 14 an.) Auch einzelne Geschlechtsmerkmale sind ein Spektrum!

Das hier sind nur ein paar Beispiele. Auch die Größe und Form von Genitalien ist verschieden. Genauso die Verteilung von Körperfett oder die Strukturen, die im Gehirn vorliegen, oder die Menge von Hormonen, die ein Mensch produziert.

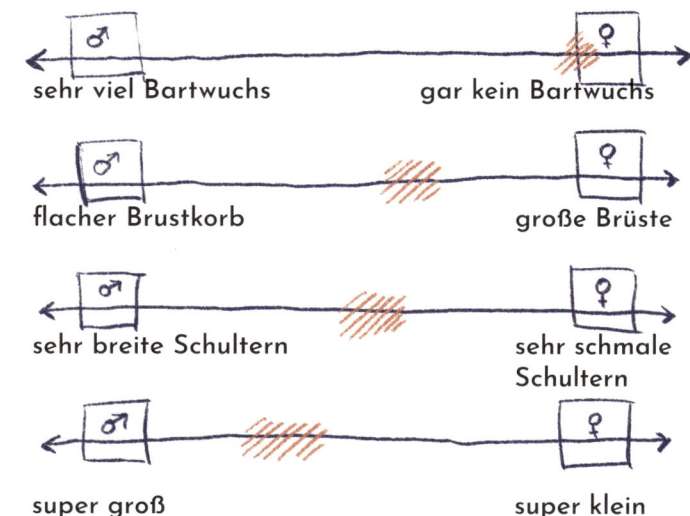

sehr viel Bartwuchs — gar kein Bartwuchs

flacher Brustkorb — große Brüste

sehr breite Schultern — sehr schmale Schultern

super groß — super klein

Die meisten Menschen passen nicht exakt in eine unserer zwei Kategorien.

Körper sind sehr verschieden, selbst wenn ihnen das gleiche Geschlecht zugeschrieben wurde.

Es gibt Frauen mit Bartwuchs und Männer mit Brüsten.

Biologie ist nicht ganz so eindeutig, wie es im ersten Moment scheint.

PCOS zum Beispiel ist eine Stoffwechselstörung. Zu den Symptomen gehört verstärkter Haarwuchs im Gesicht. Deswegen bin ich nicht weniger eine Frau.

Mir ist das egal, ich bin nur eine Katze. Wie wichtig dir biologische Merkmale sind, musst du selbst entscheiden.

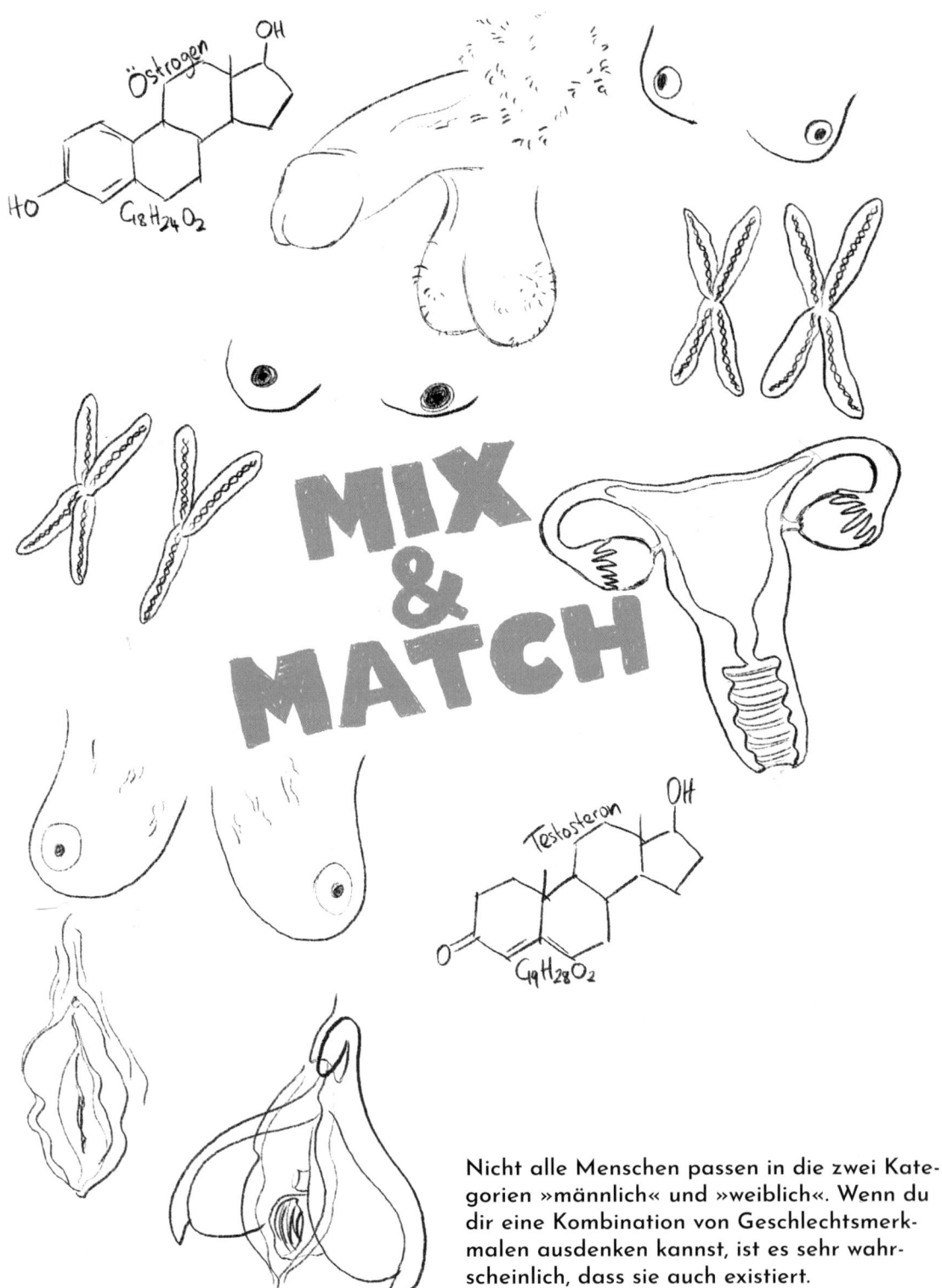

Östrogen

OH

HO

$C_{18}H_{24}O_2$

MIX & MATCH

Testosteron

OH

O

$C_{19}H_{28}O_2$

Nicht alle Menschen passen in die zwei Kategorien »männlich« und »weiblich«. Wenn du dir eine Kombination von Geschlechtsmerkmalen ausdenken kannst, ist es sehr wahrscheinlich, dass sie auch existiert.

INTER*GESCHLECHTLICHKEIT

Herzlichen Glückwunsch!
Es ist ein....
Ich weiß nicht so genau...?

Inter*geschlechtliche Menschen wurden mit Geschlechtsorganen geboren, die nicht in dieses System der Geschlechtszuschreibung passen.
Eine inter* Person hat vielleicht eine Vulva und innenliegende Hoden. Oder einen Penis und XX-Chromosomen. Oder eine Vagina und Brüste, aber mehr Testosteron als Östrogen.

Eine Frage, die wir vielleicht nicht unbedingt stellen müssen oder sollten, die dennoch viele Menschen interessiert:

Aber ist das wirklich wichtig?
Das betrifft doch bestimmt fast niemanden!

Inter*geschlechtlichkeit ist also ein Sammelbegriff für alle Variationen, die von unseren traditionellen Geschlechtervorstellungen abweichen. Das heißt nicht, dass diese Variationen genau in die Mitte von unseren Kategorien »Mann« und »Frau« fallen müssen.

Aktuell wird geschätzt, dass eine von 200 Personen inter*geschlechtlich ist. Das sind prozentual genauso viele wie Rothaarige!
Doch egal wie viele oder wenige Personen betroffen sind: Es ist wichtig, die Bedrüfnisse ernstzunehmen und die Rechte zu schützen. Auch oder gerade von kleinen Minderheiten!

Von den meisten inter*geschlechtlichen Menschen wirst du nicht wissen, dass sie inter* sind, wenn sie es dir nicht erzählen. Denn viele inter*geschlechtliche Personen passen auf den ersten Blick gut in unsere Vorstellung von »Mann« und »Frau«. Und von welchen Menschen weiß man schon, welche Genitalien oder Chromosomen sie haben?

Ich habe innenliegende Hoden. Das siehst du mir aber nicht an und ich muss es dir nicht verraten, wenn ich nicht will.

Manchmal ist direkt bei der Geburt klar, dass es sich um ein inter*geschlechtliches Kind handelt. Manchmal wird das erst später deutlich - zum Beispiel, wenn eine Person in der Pubertät keine Menstruation bekommt. Oder noch später feststellt, dass sie keine Kinder zeugen kann.

Begriffe, die inter*geschlechtliche Personen vielleicht verwenden:

IAFAB
»Intersex Assigned Female At Birth« - inter*geschlechtlich mit dem bei Geburt zugewiesenen Geschlecht »Frau«

IAMAB
»Intersex Assigned Male At Birth« - inter*geschlechtlich mit dem bei Geburt zugewiesenen Geschlecht »Mann«

FAFAB
»Forcibly Assigned Female At Birth« - gewaltvoll bei Geburt weiblich zugewiesen

FAMAB
»Forcibly Assigned Male At Birth« - gewaltvoll bei Geburt männlich zugewiesen

Inter*geschlechtliche Menschen müssen sich nicht mit diesen Begriffen identifizieren. Manche nutzen diese Wörter, um ihre spezifische Erfahrung zu beschreiben. Ob eine inter*geschlechtliche Person diese Wörter für sich verwendet oder nicht, ist allein ihre Entscheidung.

Falls du dich gerade fragst: »Hä, warum gewaltvoll zugewiesen?« - hier ein kleiner Geschichts-Exkurs.

In Frankreich erhielt eine inter* Person mediale Aufmerksamkeit. Herculan Barban wurde gezwungen, als Mann zu leben und in der Zeitung als »Monster« beschimpft. Sie hat sich mit 30 das Leben genommen.

1860er

1917

Richard Goldsmith hat den Begriff Inter*geschlechtlichkeit zum ersten Mal so verwendet, wie wir ihn heute kennen. Mit dem Begriff wurde zuvor die Beziehung zwischen biologischen Geschlechtern beschrieben.

Inter* Personen wurden bis dahin als »Hermaphrodit« oder »Zwitter« beschimpft. Diese Begriffe empfinden heute viele als respektlos - bezeichne jemanden am besten nur so, wie die Person sich auch selbst benennt. Und auch wenn eine andere Person »Hermaphrodit« als Selbstbezeichnung wählt: Frag vorher nach, ob es okay ist, wenn du dieses Wort ebenfalls verwendest - ganz besonders dann, wenn du nicht selbst inter* (also endogeschlechtlich) bist.

1950er

Inter*geschlechtliche Menschen sind zwar gesund – aber es würde ihnen bestimmt noch viel besser gehen, wenn sie so aussähen, wie unsere Vorstellung von dem Geschlecht, mit dem sie auch erzogen werden.

Ich bin Psychologe und weiß ganz genau, wovon ich rede! Du kannst mir glauben, weil ich Hunderte Artikel über Inter*geschlechtlichkeit geschrieben habe!

Dr. John Money war fest davon überzeugt, dass Geschlecht nur eine Frage der Erziehung sei. Seine Theorie: Babys sind formbar, bis sie 18 Monate alt sind. Sein »Beweis«: Nach einem Unfall bei der Beschneidung wurde ein Baby operiert und anschließend als Mädchen erzogen - gar kein Problem.
30 Jahre später hat das betreffende Baby angefangen, als Mann zu leben, aber das war Dr. Money ziemlich egal.

Vor den 50ern haben inter*geschlechtliche Erwachsene mehr oder weniger selbst entscheiden können, ob sie eine Operation wollen. Dr. John Money hat die medizinische Behandlung von inter*geschlechtlichen Menschen grundlegend verändert. Er hat den bis heute andauernden Trend gestartet, »normalisierende« Operationen bereits an Säuglingen durchzuführen.

Warum ich das mache? Na ist doch klar – wie soll eine Person mit nicht eindeutig zugewiesenem Geschlecht denn eine Sexualität haben? Nur wenn man weiß, ob man selbst männlich oder weiblich ist, kann man vermeiden, homosexuell zu werden! Denn ich habe nicht nur was gegen inter* Personen, sondern auch gegen Homosexuelle.

Das Team um John Hopkins hat auf der Arbeit von Dr. John Money aufgebaut und einen neuen Standard in der Behandlung von inter*geschlechtlichen Menschen gefestigt. Säuglinge und Kinder erhielten nun regelmäßig sogenannte »normalisierende« Operationen - häufig sogar ohne die Eltern darüber zu informieren.

Wir müssen einen Eingriff vornehmen.

?

Eltern, die Bescheid wussten, wurde meist mitgegeben:

Sagen Sie Ihrem Kind nichts davon, damit es sich normal entwickelt.

Oft wurden Schäden am Gehör oder anderen inneren Organen vorgetäuscht, um das Kind operieren zu können.

Von der »normalisierenden« OP wurde den Eltern nichts verraten – und den Kindern erst recht nicht.

Viele inter*geschlechtliche Menschen erfahren selbst erst spät von ihrer Inter*geschlechtlichkeit - weil die Stigmatisierung des Themas es zu einem Tabu gemacht hat, darüber zu sprechen, selbst für Betroffene.

1980er

Inter*geschlechtliche Menschen beginnen, eine Community zu bilden.

Ihre Identitäten wollen sie nicht länger geheim halten. Die inter* Community soll ein Ort ohne Scham- und Schuldgefühle werden. Ihr Symbol ist eine gelbe Flagge mit violettem Kreis.

1993

Die Aktivistin Cheryl Chase verfasst einen offenen Brief, der später auch in verschiedenen Magazinen veröffentlicht wurde, in dem sie die Gründung der »Intersex Society of North America« (ISNA) ankündigte.

Ich glaube, ich habe dabei geholfen, Räume zu schaffen, in denen über Inter*geschlechtlichkeit gesprochen werden kann: Narrative, die nun zugänglich für andere sind. Das ist eines der Dinge, auf die ich stolz bin.

26. OKTOBER 1996

Die erste Demonstration für die Rechte inter*geschlechtlicher Menschen fand am 26.10.1996 statt!

Die ISNA hatte anlässlich einer Ärzt*innen-Konferenz in Boston demonstriert. Der 26.10 wurde später zum »Intersex Awareness Day«, also dem Tag für die Aufmerksamkeit gegenüber inter* Themen.

Die Demonstrant*innen wollten sich das Wort »Hermaphrodit« zurückerobern und die damit verbundene Herabsetzung auflösen. Also druckten sie es auf T-Shirts, Plakate und Flyer.

Als die Aktivist*innen anfingen, mit Ärzt*innen zusammenzuarbeiten, um die Operationen an Säuglingen zu beenden, hat sich das Wort »inter*geschlechtlich« etabliert.

Bis heute kämpfen inter*geschlechtliche Menschen gegen übergriffige Behandlungen durch Ärzt*innen und für mehr Aufklärung.

2006

In der Serie Dr. House wurde in einer Folge das Thema Inter*geschlechtlichkeit behandelt. Ein Mädchen wurde in das fiktionale Krankenhaus eingeliefert – Dr. House hat innenliegende Hoden entdeckt und entschieden, dass die Patientin »in Wahrheit« ein Junge sei.

Die Serie wurde danach dafür kritisiert, die Vorstellung davon zu reproduzieren, dass es feste, wahre und unumstößliche Kategorien für die Feststellung von Geschlecht gäbe. Für viele inter*geschlechtliche Menschen ist es wichtig, ihr Geschlecht selbstbestimmt benennen zu können.

Für die Serie »Faking It« hat die Organisation interACT mit MTV zusammengearbeitet. Das Ergebnis war die Figur Lauren Cooper, ein inter*geschlechtliches Mädchen, das versucht, Weiblichkeit und Sexualität zu navigieren, während sie zugleich mit ihrer Identität als inter*geschlechtliche Person zurechtkommt.

Ich wurde mit XY-Chromosomen geboren, aber habe mich weiblich entwickelt, okay? Die Pillen, die ich nehme, sind Östrogen, weil mein Körper keins produziert. Da, jetzt weißt du's.

2014

Die dritte Option

Bei Fragebögen scheitere ich oft schon an Frage Nummer zwei.
Ich soll mich entscheiden: »Frau« oder »Mann« und fühle mich mal wieder nicht repräsentiert. Irgendwie übergangen.

Keine Medizin, keine Psychologie, kein Gesetz kann mir sagen, dass es mich nicht gibt – als Hermaphrodit. Mein Spiegel beweist doch das Gegenteil

Weil ich mittlerweile mehr Menschen getroffen habe, denen es ähnlich geht, die sich als inter*, trans* oder queer verstehen, habe ich mit tollen Unterstützer*innen beschlossen, aktiv zu werden.

Das ist Vanja von der Kampagne Dritte Option. Diese Kampagne setzt sich für die Selbstbestimmung und Sichtbarkeit von inter*geschlechtlichen Menschen ein.

Die Aktivist*innen der Kampagne formulieren ganz deutlich: Die »Natürlichkeit« von zwei Geschlechtern gibt es nicht. Sie entsteht nur dadurch, dass Menschen mit anderen Geschlechtern als »Mann« oder »Frau« für krank erklärt werden. Dieser Prozess heißt auch Pathologisierung.

Die Operationen an inter*geschlechtlichen Kindern müssen hart verurteilt werden - schließlich gelten sie auch von der UN als Menschenrechtsverletzung.

Um die Rechte von inter* und trans* Personen zu stärken, hat Vanja 2013 die Kampagne Dritte Option gestartet. 2016 hat Vanja dann beim Bundesgerichtshof eine Verfassungsbeschwerde eingereicht. Mit Erfolg: Das Gericht entschied, dass es eine dritte Option geben müsse. Daraufhin war der Bundestag gezwungen, ein neues Gesetz auf den Weg zu bringen. Im Dezember 2018 wurde ein Gesetz verabschiedet, das es ermöglicht, neben »weiblich« und »männlich« auch den Geschlechtseintrag »divers« zu erhalten.

Genauso wie Vanja macht sich auch Lucie Veith für die Rechte von inter* Personen in Deutschland stark. 2004 hat Lucie Veith den Bundesverband Intersexuelle Menschen e.V. gegründet. Entstanden ist dieser aus einer Selbsthilfegruppe: Frauen mit XY Chromosmen haben durch Vernetzung festgestellt, dass sie alle traumatisierende Erfahrungen mit der Medizin gemacht haben. Eine Mehrheit von inter* Personen wird operiert, obwohl es medizinisch keinerlei Notwendigkeit gibt. Der Verband setzt sich also zentral für die körperliche Unversehrtheit ein. Im Jahr 2008 hat Lucie Veith mit dem Verband den ersten umfassenden »Schattenbericht« erstellt - also ein Bericht darüber, wie die Lebensrealität und Diskriminierung von inter* Personen in Deutschland tatsächlich aussieht.

Inter*geschlechtliche Menschen sind in Deutschland noch immer Diskriminierung und menschenrechtsverletzenden Operationen ausgesetzt. Dass sich daran etwas ändert, dafür setzen sich Aktivst*innen wie Lucie Veith und Vanja ein.

Unsere Forderungen als Bundesverband Intersexueller Menschen:
1. Keine nicht lebens- oder gesundheitsnotwendigen Eingriffe ohne informierte Einwilligung der betroffenen Menschen.
2. Schaffung verbindlicher »standards of care« unter Einbezug der betroffenen Menschen und ihrer Organisationen.
3. Aufnahme von Intersexualität in die Lehrpläne der Schulen und Berufsausbildungen.
4. Entschädigung und Rehabilitation geschädigter Betroffener.
5. Einarbeitung des Begriffes »Intersexualität« in geltendes Recht.

Heute gibt es in vielen Ländern Gesetze, die inter*geschlechtliche Menschen schützen sollen. Für die Operationen an Säuglingen brauchen Ärzt*innen in Deutschland das Einverständnis der Eltern. Dennoch werden diese Operationen noch immer durchgeführt. Eine Studie der Ruhr-Universität Bochum hat festgestellt, dass diese Eingriffe in Deutschland etwa 1.800 Mal im Jahr passieren. Im Durchschnitt sind das fast fünf »normalisierende« Operationen am Tag.

Diese Operation ist das Beste für ihr Kind.

Als Eltern vertrauen wir auf die Meinung von medizinischen Expert*innen und stimmen deswegen zu.

Viele Ärzt*innen geben diesen Ratschlag nicht aus Boshaftigkeit oder Hass gegen inter*geschlechtliche Personen – sondern weil sie selbst zu wenig Aufklärung erfahren haben und sich sicher sind, im besten Interesse des Kindes zu handeln.

Diese Ärzt*innen sind meist überzeugt davon, dass die positiven Folgen eines »normalisierten« Körpers die negativen überwiegen würden. Oft entspricht das nicht der Realität, medizinisch gibt es meist keine Notwendigkeit für den Eingriff. Inter*geschlechtliche Menschen fordern deswegen, mit solchen Operationen zu warten, bis die betroffene Person alt genug ist, um die Entscheidung dafür oder dagegen selbst zu treffen.
Einige Ärzt*innen überzeugen die Eltern zu einer Operation, indem sie ihnen sagen, dass nicht-eindeutige Geschlechtsmerkmale teilweise ein erhöhtes Krebsrisiko mit sich bringen.

Was dagegen die Operation für Folgen haben könnte, wird weniger besprochen.

Eventuell wird der Hormonhaushalt sich nach einer solchen Operation nicht mehr selbst regeln können. Das kann zu ernsthaften gesundheitlichen Problemen in der Pubertät führen (die ja eigentlich »nur« eine Umstellung des Hormonhaushaltes ist). Viele inter*geschlechtliche Menschen müssen ein Leben lang Hormone künstlich zuführen.
Möglicherweise wird bei der OP nicht das Geschlecht zugewiesen, mit dem die Person sich später identifiziert.
Einige Operationen resultieren in einem Fehlen von sexueller Lust im späteren Leben.
Die Operation kann sich negativ auf die psychische Gesundheit auswirken. Viele Betroffene empfinden die Erinnerung daran als traumatisch.

Operationen und Hormonbehandlungen erlauben Eltern und Ärzt*innen zu glauben, sie hätten die Inter*geschlechtlichkeit eliminiert. Mit diesem Argument wird inter*geschlechtlichen Menschen Wissen über ihre eigene medizinische Geschichte verheimlicht.

Viele inter*geschlechtliche Menschen fühlen sich isoliert, allein, beschämt oder schuldig. Umso wichtiger ist, dass wir alle, auch endo Personen (also Personen, die nicht inter* sind) anerkennen:

1) Inter*geschlechtlichkeit ist kein neues Phänomen, das sich irgendwer ausgedacht hat.
2) Die Körper inter*geschlechtlicher Menschen sind nicht »unnormal« oder unterlegen.
3) Die inter*geschlechtliche Community existiert und hat eine Stimme und Anliegen - und diese sind wichtig und legitim.

Liebe*r inter*geschlechtliche*r Leser*in: Du bist schön. Dein Körper ist schön. Es ist nichts falsch mit dir und dein Körper muss nicht »normaler« werden, als er bereits ist. Jede Veränderung daran sollte deine freie Entscheidung sein. Du bist wertvoll und liebenswert, so wie du bist.

AUF DER EBENE VON BIOLOGIE SIND WIR UNS LETZTENDLICH ALLE MEHR ÄHNLICH ALS *verschieden.*

Es ist einfach, das zu vergessen. Ja, unsere Körper sind alle verschieden. Aber am Ende steuern die gleichen Hormone unsere Emotionen. Die gleichen Organe halten uns am Leben. Das gleiche Nervensystem erlaubt uns, uns in dieser Welt zu bewegen.

Wir lernen noch immer Neues über Biologie und Geschlecht. Erst vor Kurzem haben Forscher*innen festgestellt, dass »männlich« und »weiblich« kategorisierte Gehirne wohl doch nicht so unterschiedlich funktionieren, wie lange gedacht.

Also lasst uns doch lieber darüber sprechen, was wir gemeinsam haben, statt über kleine Unterschiede große Distanz aufzubauen.

Platz für deine eigenen Notizen:
Wie fühlst du dich mit deinen eigenen biologischen Merkmalen?
Was hälst du von der Idee, Geschlecht und dessen Eigenschaften in
Spektren zu denken? Welche Rolle spielt(e) Inter*geschlechtlichkeit
in deiner Bildung und Aufklärung?

3

Sozial konstruiertes Geschlecht

GENDER IS A SOCIAL CONSTRUCT!

Hä, was?

Dieser Satz wird in feministischen Communitys gerne und viel verwendet. Übersetzt heißt das: Geschlecht ist ein soziales Konstrukt.

Geschlecht wird diesmal aber nicht mit »sex« übersetzt, es geht also nicht um Körper und Biologie. »Gender« wird mit »soziales Geschlecht« übersetzt. Was damit gemeint ist? – Alle Erwartungen, Vorstellungen und Ideale, die wir davon haben, wie ein Mann oder eine Frau aussehen und sein muss. Obwohl es, wie im letzten Kapitel geklärt, mehr als diese zwei Geschlechter gibt, werden sozial und gesellschaftlich meist nur Mann und Frau gedacht. Diese sozialen und kulturellen Erwartungen fangen oft schon vor der Geburt an.

Herzlichen Glückwunsch! ES IST EIN...

...MENSCH?

Gender, das soziale Geschlecht, bedeutet, dass wir Kinder in blaue und pinke Boxen voller Piraten und Prinzessinnen sortieren.

Gender bedeutet, dass wir von Jungen und Mädchen verschiedene Verhaltensweisen erwarten.

Fällt dir noch mehr ein, als ich bereits notiert habe? Was hast du darüber gelernt, wie Jungs und Mädchen sein sollten? Füge unten deine eigenen Adjektive hinzu, wenn du magst.

MÄDCHEN SIND...

* emotional
* passiv
* hysterisch
* empathisch
* gute Zuhörerinnen
* schön
*
*

JUNGS SIND...

* logisch
* rational
* aktiv
* wild
* laut
* chaotisch
*
*
*

Kinder begreifen sehr schnell, welches Geschlecht sie haben und was deswegen von ihnen erwartet wird: Zwischen Kindergarten und Grundschule entwickeln Kinder ein Verständnis von Geschlecht. Sie wissen genau, welches Verhalten von ihnen erwünscht ist und welches unpassend wäre.

Sozial konstruierte Vorstellungen von Geschlecht.

Kinder lernen soziale und kulturelle Geschlechternormen.

Kinder möchten sich so verhalten, wie die Menschen in ihrem Umfeld das von ihnen erwarten.

Die Fähigkeiten werden entsprechend entwickelt.

Die Interessen bewegen sich innerhalb der Normen und Rollenvorstellungen.

Die Kinder bauen ihr Selbstbild darauf auf, was sie gut können und welche Stärken und Schwächen sie haben.

Und schwups, diese kleinen Menschen wachsen zu Personen heran, die ein sehr klares Bild davon haben, was Weiblichkeit und Männlichkeit bedeutet, und verbreiten diese sozialen Normen selbst weiter.

Soziale Geschlechternormen sind also alle Standards, die eine Gesellschaft für Männer und Frauen entwickelt hat. Dabei geht es zum Beispiel darum, wie viel Intelligenz von einer Person erwartet wird, wie viel Empathie und körperliche Stärke. Wie viel Geld eine Person verdienen kann. Welche Interessen und Hobbys sie verfolgen sollte. Wie ihr Körper aussehen soll, welche Kleidung sie tragen »darf«.

In unserer westeuropäischen, industrialisierten Gesellschaft haben sich Vorstellungen des idealen Mannes und der idealen Frau entwickelt, die ungefähr so aussehen:

kurze Haare

sportlich, muskulös, stark

Ist dominant, eine gute Führungspersönlichkeit und der Versorger der Familie.

Ich will und kann immer mit schönen Frauen schlafen.

Wenn ich nicht gerade über Sex nachdenke, beschäftige ich mich mit Sport und Bier.

Wenn ich irgendwann heiraten will, dann kaufe ich den Ring und mache den Antrag.

Ich habe romantisches Interesse an Männern.

Ich möchte Kinder und kann diese auch bekommen.

Bis ich mich vor allem um Familie und Haushalt kümmern werde, beschäftige ich mich mit Shopping und meinem Äußeren.

lange Haare Make Up

Emotional, redet viel über Gefühle, gesprächig, höflich, zurückhaltend, naiv.

super glatte Beine

Aus diesen Idealvorstellungen oder Geschlechternormen ergeben sich geschlechtsspezifische Rollen. Als Mädchen/Junge/Mann/Frau hast du in bestimmten Umgebungen und gegenüber anderen Menschen verschiedene Rollen zur Auswahl.

die Fashionista

der Athlet

der Unternehmer

die Pflegerin

der Debattierer

die Mutter

die Hausfrau

der Logiker

der Entertainer

Welche Rollen du selbst annimmst, verändert sich im Laufe deines Lebens. Dein Alter, dein Wohnort, deine Freund*innen – all das beeinflusst, welche Rollen du für dich als Möglichkeiten betrachtest.

Meistens haben wir eine Vielzahl von Rollen gleichzeitig. Zum Beispiel bin ich Studentin, Künstlerin, Feministin, Freundin, Aktivistin, Tochter, ...

Kulturell und historisch betrachtet stehen verschiedenen Menschen immer wieder sehr verschiedene Rollen offen. In unserer westeuropäischen Gesellschaft wird Frauen oft eine Rolle zugeschrieben, die mit Emotionen, Fürsorge oder Aussehen zu tun hat. An anderen Orten und zu anderen Zeitpunkten der Geschichte war das aber ganz anders. (Beispiele dafür auf den Seiten 49 und 60.)

Die Vorstellung, dass Männer und Frauen gegensätzliche Eigenschaften verkörpern und deswegen verschiedene Positionen in der Gesellschaft einnehmen sollten, heißt »binäres Geschlechtsmodell«.

Diese Binarität lässt sich in fast allen Bereichen des Lebens finden. Fallen dir noch mehr ein?

Frauen trinken Sekt mit Erdbeeren, Männer wollen Bier mit Schnitzel.

Schönheitsprodukte sind klar binär getrennt.

Mädchen spielen mit Puppen, Jungs mit Autos.

for her

FOR HIM

TECHNIK

Viele Menschen sind der Meinung, dass diese Binarität natürlich sei und etwas mit Gehirnstrukturen oder DNA zu tun hätte. Andere glauben, dass es nur eine Frage der Erziehung wäre. Aber eigentlich ist es ein bisschen komplizierter.

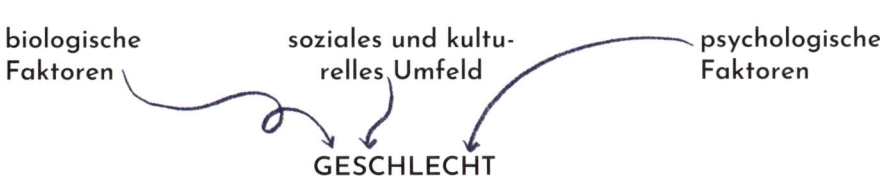

biologische Faktoren

soziales und kulturelles Umfeld

psychologische Faktoren

GESCHLECHT

Wie wir wen behandeln, hat auch wieder Folgen: Weil Frauen in der Vergangenheit weniger körperliche Arbeit leisten mussten als Männer, sind sie heute oft kleiner. Das war nicht immer so. Es wurden zum Beispiel Wikinger*innen-Skelette gefunden, aus denen hervorging, dass weiblich sozialisierte Wikingerinnen genauso groß und breit gebaut waren wie männlich sozialisierte Mitglieder ihrer Gesellschaft.

Ein anderes Beispiel: Kinder, die ermutigt werden, mit Bauklötzen zu spielen, entwickeln andere Gehirnregionen weiter, als solche, die mit Puppen spielen sollen und dürfen. Unsere sozialen und kulturellen Erwartungen wirken sich also auf biologische Merkmale aus. Ist Geschlecht dann auf irgendeiner Ebene wirklich noch »natürlich«?

Das Diagramm von oben könnte vielleicht eher so aussehen:

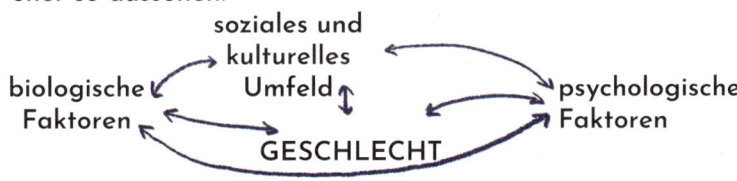

soziales und kulturelles Umfeld

biologische Faktoren

psychologische Faktoren

GESCHLECHT

Aber wo kommt das alles her!?

Warum ist unsere Gesellschaft so aufgebaut!?

Die kurze Antwort:

Patriarchale und heteronormative Vorstellungen wurden zusammen mit einer kapitalistischen Wirtschaftsordnung etabliert.

Oder in einfacheren Worten: Die Vorstellungen von Geschlecht, in denen Männer mehr Macht und Möglichkeiten erhalten als Frauen, sowie die Norm von Heterosexualität sind zusammen mit unserer gewinnorientierten Wirtschaftsordnung gewachsen.

Die etwas längere Antwort:
Als die frühzeitlich organi-
sierte Gesellschaft durch
die Aufklärung und Indust-
rialisierung neu strukturiert
wurde, gab es eine neue
räumliche Trennung von
Arbeit und Familie.

Bezahlte Arbeit,
auch Lohnarbeit ge-
nannt, wurde nun in
Fabriken geleistet.

Die Arbeit, die geleistet werden muss, damit Menschen überhaupt in der Lage sind, Lohnarbeit nachzukommen, wurde
in private Haushalte ausgelagert. Diese Arbeit heißt auch
Reproduktionsarbeit oder Care-Arbeit. Darunter fallen beispielsweise Kindererziehung, Wäschewaschen, Kochen, Pflege
älterer Familienmitglieder, Putzen, Einkaufen, ...

Während der Industrialisie-
rung konnten sich viele Arbei-
ter*innen-Familien diese Tei-
lung nicht leisten. Nach dem
ersten Weltkrieg herrschte ein
größeres Bedürfnis nach einer
friedlichen, heilen Familie -
welches diese Arbeitsteilung
nochmals deutlich verfestigt
hat.
Während Männer die öffentlichen Räume von Lohnarbeit
und Politik übernahmen,
blieben Frauen Zuhause. Die
Begründung dafür: Frauen
bekommen Kinder, also muss
das doch die »natürliche Ordnung« der Dinge sein.
Bis heute leisten Frauen den
deutlich größeren Anteil dieser wichtigen Care-Arbeit. Oft
zusätzlich zu ihrer Lohnarbeit.

Diese ganze Care-Arbeit kann nicht unter den gleichen Bedingungen wie Lohnarbeit stattfinden. Wie sollte Kindererziehung effizienter und kostengünstiger gestaltet werden? Selbst wenn wir jemanden als Haushaltshilfe anstellen, ist das meist eine weiblich gelesene Person aus prekären Verhältnissen – die in ihrem eigenen Haushalt weiter unbezahlte Care-Arbeit leisten muss.

Unser gesamtes Wirtschaftssystem würde in sich zusammenbrechen, wenn sich Frauen und nicht-binäre Personen kollektiv weigern würden, weiterhin diese unbezahlte Arbeit zu leisten. Ein Beispiel dafür ist der Frauenstreik in Island vom 24. Oktober 1975, der die gesamte Nation zum Stillstand brachte.

Um unser kapitalistisches Wirtschaftssystem in seiner aktuellen Form am Laufen zu halten, müssen wir selbst überzeugt sein, dass...

...Frauen Care-Arbeit besser leisten können als Männer.

...soziales Geschlecht »natürlich« und »echt« und »biologisch begründet« ist.

...Männer die Versorger sein müssen.

...es nur zwei Geschlechter gibt.

(All diese Dinge sind nicht so.)

Durch das sozial konstruierte binäre Geschlechtsmodell halten wir Machtstrukturen am Leben.

Machtstrukturen werden natürlich auch noch auf anderen Wegen reproduziert. Aber können wir bitte trotzdem mit diesem binären Denken aufhören!?

Vor Aufklärung und industrieller Revolution waren Menschen sich übrigens sicher, dass es nur ein Geschlecht gäbe und Frauen »unterentwickelte« Männer seien. Wenn sich Vorstellungen von Geschlecht schon einmal so radikal ändern konnten - warum dann nicht erneut?

Warum geben Menschen Geschlecht überhaupt so einen hohen Stellenwert? Sollen doch einfach alle leben, wie sie wollen.

Platz für deine eigenen Notizen.

Wie findest du diese Doppelbelastung von Frauen, die Care-Arbeit und Lohnarbeit ausüben sollen? Was meinst du, warum arbeiten so viele Männer bis heute nicht in ihren eigenen Haushalten mit? Wie wurde die Arbeit in deiner Familie geteilt? Welche Care-Arbeit übst du selbst aktuell aus? Wie geht es dir damit?

>Das sind alles individuelle Probleme, da muss man nicht gleich so übertreiben.«

Leider sind noch immer ganze Gruppen von Menschen von Diskriminierung betroffen. Sexismus, Rassismus und Klassimus sind auch individuelle Probleme, ja, aber vor allem festgefahren in Strukturen und Institutionen und tief verwurzelt in unserer Gesellschaft.

>Mädchen können halt einfach kein Mathe.« 2019 wurde in einem Vergleichstest unter Schüler*innen festgestellt, dass Mädchen und Jungen inzwischen gleich gut in Mathe abschneiden. Was gleich geblieben ist: Alle gehen davon aus, dass Mädchen schlechter abgeschnitten hätten. Das macht auch viel mit dem Selbstbild und -bewusstsein der betreffenden Schüler*innen.

>So war das eben schon immer, sogar in der Steinzeit.« In der Steinzeit wurden Aufgaben wie Jagen und Sammeln nicht, wie lange angenommen, nach Geschlecht verteilt.

GESCHLECHTER-MYTHEN

>Diese neuen Geschlechterrollen und -identitäten haben sich Kinder im Internet ausgedacht, die Aufmerksamkeit wollen.«

Verschiedene Vorstellungen von Geschlecht gab es historisch und global betrachtet schon immer. Sowohl in den Rollenverteilungen als auch in den Identitäten. Kinder im Internet sind kreativ, aber sie haben das Konzept von Geschlecht nicht revolutioniert.

>Das weibliche Gehirn funktioniert eben anders, das hat nichts mit sozialer Konstruktion zu tun.«

Wie unser Gehirn funktioniert, hat verdammt viel mit Sozialisation zu tun. Denn wir bilden die Fähigkeiten aus, die von uns gefordert und bei uns gefördert werden. Fußball oder Ballett sind genauso wenig in der DNA verankert wie Make-up und Computerspiele.

Selbst wenn du jetzt meinst, dass diese Binarität eigentlich ganz schöner Blödsinn ist und kein Mensch irgendwelche Eigenschaften und/oder Fähigkeiten nur wegen des zugeschriebenen Geschlechts haben muss:

Wir sind alle in diesem binären System sozialisiert.

Kindheitserlebnisse und Spielzeug

Was fällt dir noch ein?

Rollenvorbilder

binäre Toiletten

Mediendarstellungen

Gender-Marketing (Produkte an ein Geschlecht gebunden zu vermarkten.)

All diese Vorstellungen davon, wie Männer und Frauen sein sollen, haben wir also selbst verinnerlicht und tragen diese als (unbewusste) Einstellungen, die wir aktiv verlernen müssen, mit uns.

Wir sind von den traditionellen binären Vorstellungen und Regeln beeinflusst - ob wir wollen oder nicht. Die Feststellung, dass das binäre System so nicht stimmen kann, reicht allein nicht aus, um uns davon zu befreien. Deswegen sollten wir immer wieder miteinander sprechen, uns austauschen, reflektieren.

Mir wurde beigebracht, wie ich als Mann bin – und ich muss mit diesen Vorstellungen umgehen.

Wir haben Vorstellungen von Geschlecht und nehmen dich dementsprechend wahr.

Arbeitskolleg*innen, Familie, Freund*innen, Passant*innen

Die Erfahrung von Geschlecht ist nichts, was wir allein mit uns selbst ausmachen. Soziales Geschlecht betrifft unsere Selbstwahrnehmung und wie wir andere wahrnehmen - aber genauso wie andere uns wahrnehmen und behandeln.

Wie unterscheiden sich deine Erfahrungen und Erwartungen in Bezug auf soziales Geschlecht in verschiedenen Kontexten? Wie drückst du dein Geschlecht in welchem Rahmen aus? Und welche geschlechtsbezogenen Erwartungen stellst du selbst an andere?

Im Kontext von Familie erwarte ich von meiner Mutter zum Beispiel emotionale Unterstützung und würde mich eher an meinen Vater wenden, wenn ich Karrieretipps brauche. Unter meinen Freund*innen ist Queerness ein größeres Thema und in der Uni möchte ich zu den starken, selbstbewussten weiblich gelesenen Personen gehören. Für dich kann das alles ganz anders aussehen. Das ist nur ein Ausschnitt davon, was du hier notieren könntest.

Familie

romantische / sexuelle Beziehung(en)

Freund*innen

Schule / Uni / Arbeit

Hobby / Verein

Andere

Diese ganzen Erfahrungen um Geschlecht herum haben nur wenig mit den biologischen Merkmalen von Geschlecht zu tun. Unsere Erfahrungen und Erwartungen basieren zu sehr großen Teilen auf sozialen und kulturellen Annahmen. (In diesem Buch spezifisch die aus westeuropäischen und nordamerikanischen Ländern.)

Insbesondere Kinder und Jugendliche erleben einen hohen Druck, diesen Annahmen zu entsprechen.

Das binäre Geschlechtssystem schränkt uns alle in unserer Entscheidungs- und Ausdrucksfreiheit ein.

Mädchen, die Fußball/Mathe/Handwerk/Technik mögen, werden eher als unattraktiv wahrgenommen und nicht als »echte Mädchen« angesehen.

Jungs, die sich für Mode oder Make-up interessieren, Tanz oder kreativen Ausdruck mögen, die weinen, werden oft als »Pussy«, »Weichei« oder mit schwulenfeindlichen Aussagen beleidigt.

Wie schnell wir von Kindern verschiedenes Verhalten erwarten, wurde in der »Baby-X« Studie festgestellt. Für diese Studie wurden Menschen nacheinander zwei Babys anvertraut: Das eine in blau, das andere in pink gekleidet.

Das Schreien der männlich gelesenen Babys wurde als Wut oder Aggression interpretiert. Mit diesen Babys wurde wild und angstfrei gespielt.

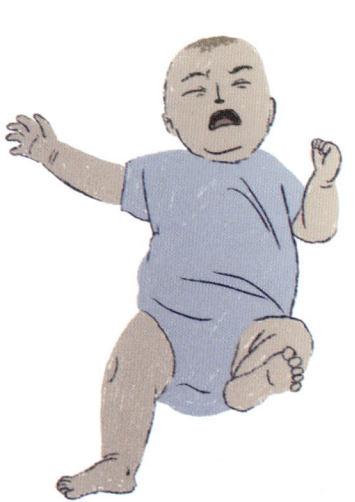

Den weiblich gelesenen Babys wurden eher Puppen oder Kuscheltiere zum Spielen gegeben. Ihr Schreien wurde meist erwidert mit: »Was stört/ärgert dich?«

Übrigens galt pink früher als Farbe der Entschlossenheit und Blau als feminin und sanft. Das hat sich aus verschiedenen Gründen über die Jahre hinweg gewandelt. Im Nationalsozialismus wurden schwule Männer dann dazu gezwungen, pinke Dreiecke (den »rosa Winkel«) auf ihrer Kleidung zu tragen, die sie als Homosexuelle kennzeichneten. Männer haben deswegen so viel Abstand von der Farbe Pink genommen, wie sie nur konnten. Das war natürlich nicht die einzige Entwicklung, die zu dieser umgedrehten Zuordnung von Farben zu Geschlecht geführt hat - dennoch wäre es schön, wenn wir uns von Geschlechternormen lösen könnten, die während des Nationalsozialismus verfestigt wurden.

All das kann eigentlich in einem Satz
zusammengefasst werden.
Wann immer jemand sagt »Gender
is a social construct«, meint diese
Person also:

WIR HABEN UNS DAS NUR AUSGEDACHT.

Was wir von Jungen und Mädchen erwarten, könnte auch anders herum sein. Oder komplett verschieden.

Es gibt keine (biologischen) Gründe, bestimmte Eigenschaften nur einem Geschlecht zuzuordnen.

Wäre sozial gelebtes Geschlecht wirklich an Biologie gebunden, würden Geschlechterrollen ja überall auf der Welt gleich aussehen. Und das tun sie eben nicht. Geschlecht existiert immer in einem sozialen und kulturellen Kontext.

In Nordamerika hatten und haben viele indigene Gemeinschaften mehr als zwei Geschlechter und Geschlechterrollen. *Weiße* Menschen haben während der Kolonialisierung ihre Vorstellungen von Geschlecht mitgebracht und bestehende Alternativen nicht anerkannt. (Mehr dazu im Abschnitt Two Spirit auf S. 132)

Viele junge Menschen im globalen Norden finden neue Wörter, um ihr Geschlecht auszudrücken und zu beschreiben.

GESCHLECHT
&
DIE WELT

In einer kleinen Stadt in Bolivien, Amarate, ist das soziale Geschlecht nicht durch Biologie bestimmt, sondern durch den Beruf. Die Menschen dort leben mit zehn Geschlechtern.

In Indien, Nepal, Pakistan und Bangladesch gibt es das offizielle dritte Geschlecht Hijra. Die Menschen bezeichnen sich selbt als Kinnar und leben häufig in Kinnar-Gemeinschaften.

Kennst du noch mehr Konzepte von Geschlecht? Welche findest du gut? Welche nicht? Warum?

Egal, welches Konzept von Geschlecht gelebt wird – als Mitglieder einer Gesellschaft sind wir alle daran beteiligt, dass es weitergeführt (reproduziert) wird. Zum Beispiel...

...indem wir uns selbst entsprechend unserer Geschlechterrolle verhalten.

...wenn wir Filme, Serien, Bücher und Musik konsumieren (und indirekt produzieren, die Nachfrage bestimmt das Angebot), in denen immer die gleichen Rollenklischees auftauchen.

...wenn wir uns über Leute lustig machen, die sich außerhalb der üblichen Bilder von Geschlecht bewegen.

...indem wir andere Menschen immer mit einem Geschlecht wahrnehmen und (unbewusste) Vorurteile mit in eine Begegnung bringen.

Fallen dir noch mehr Reproduktionsmechanismen ein?

Puh.
Das war schon ganz schön viel.
Bevor wir in den nächsten Abschnitt
starten, gibt es deswegen hier
eine kurze Zusammenfassung.

WAS BISHER GESCHAH:

Biologische Faktoren
bestimmen, welches
Geschlecht dir zuge-
schrieben wird.

Menschen werden in die Kategorien Männer & Frauen aufgeteilt.

Diese Kategorien
werden sozial und
kulturell aufgeladen.

Wie genau die Erwartungen und Vorstellungen von Geschlecht aussehen, hängt auch mit
anderen Faktoren zusammen. Beispielsweise Alter, Religion oder sexueller Orientierung.
Was möchtest du dir noch aus den letzten Kapiteln merken?

MINI-EXKURS
ZUM FEMINISMUS

Einige Menschen glauben, Feminismus heißt, Geschlecht komplett abzuschaffen und alle Menschen gleich zu machen. Darum geht es nicht. Zumindest nicht in meinem Verständnis von Feminismus.

Was (mein) Feminismus will:

* Die Machtstrukturen, die mit diesem sozialen Konstrukt einhergehen, loswerden.

* Allen Personen ermöglichen, frei und selbstbestimmt ihr Leben (und damit auch ihr Geschlecht) gestalten zu können — ohne von irgendwelchen Kategorien eingeschränkt zu werden.

* Gleichberechtigung für alle Geschlechter auf sozialer, politischer und wirtschaftlicher Ebene.

Platz für deine feministischen Forderungen:

4

Geschlechts-identitäten

Identität ist ein super großes Wort. Viel zu groß, um es an dieser Stelle ausführlich und vollständig erklären zu können.

Deswegen nur eine kurze Definition per Mind-Map, die zwar nicht perfekt ist, aber für die Zwecke dieses Buches völlig ausreicht.

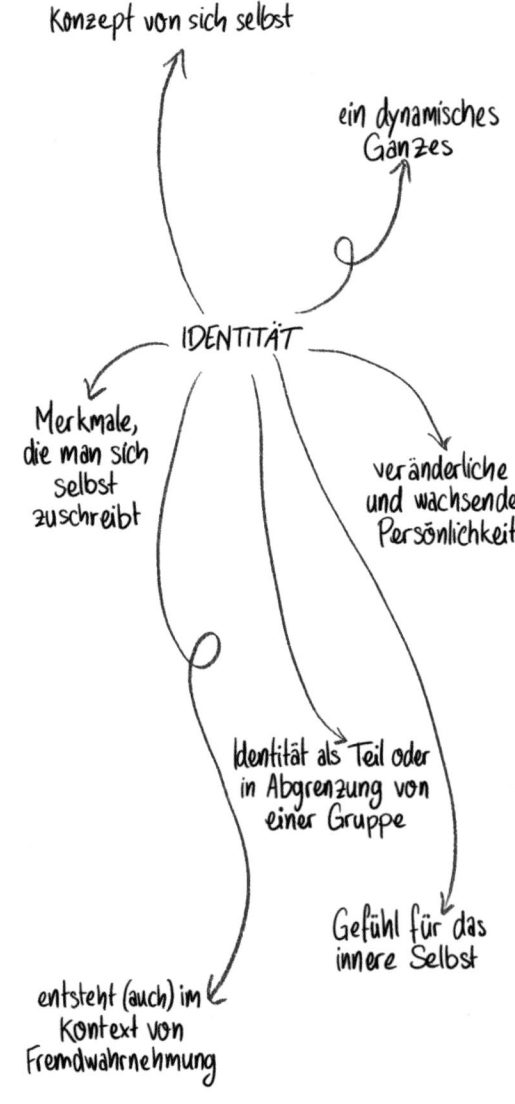

Konzept von sich selbst

ein dynamisches Ganzes

IDENTITÄT

Merkmale, die man sich selbst zuschreibt

veränderliche und wachsende Persönlichkeit

Identität als Teil oder in Abgrenzung von einer Gruppe

Gefühl für das innere Selbst

entsteht (auch) im Kontext von Fremdwahrnehmung

Was heißt das jetzt in Bezug auf Geschlecht?

Deine Geschlechtsidentität beschreibt dein persönliches, individuelles und eigenes, inneres Wissen um dein Geschlecht.

Diese Vorstellung davon, wer wir sind und wer wir sein wollen, existiert nicht unabhängig von der Welt um uns herum. Familie, Religion, sexuelle Orientierung, kultureller und historischer Kontext - das alles spielt wieder eine Rolle und beeinflusst, welche Identitäten wir als Möglichkeiten begreifen.

Vor einigen Jahren ist zum Beispiel die Zahl von Menschen angestiegen, welche sich als trans* beschreiben. Aber nicht, weil es plötzlich mehr trans* Menschen gab. Sondern weil Informationen verbreitet wurden, die Tabuisierung sich ein bisschen gelöst hat und Leute anfangen konnten, ihr Geschlecht zu benennen und offener als trans* Personen zu leben.

Oft benutzen wir das Wort »Geschlechts-identität«, wenn wir über trans*-geschlechtliche Personen reden.

»Er ist ein Junge.«

»Er identifiziert sich als Junge.«

Damit verstärken wir die Vorstellung, dass es zwei »echte« Geschlechter geben würde — und alles andere nur Identitäten seien, die irgendwie ausgedacht und weniger »natürlich« seien. Dabei sind »Mann« und »Frau« auch Geschlechtsidentitäten. Es ist ja nicht so, als hätten einige Menschen einfach nur ein Geschlecht und andere Menschen ein Geschlecht und eine Geschlechtsidentität.

Sprache und die passenden Ausdrücke zu finden, kann sich manchmal wie ein Minenfeld anfühlen. Vielleicht, weil wir die richtigen Wörter nicht kennen oder Angst haben, etwas falsch zu machen. Oft ist es am einfachsten, die betreffende Person zu fragen, mit welchen Begriffen sie sich wohl-fühlt und welche du vielleicht eher vermeiden solltest. Es ist okay, am Lernen zu sein und von manchen Sachen noch nie gehört zu haben. Nimm dir Zeit, das ist ein Prozess.

Das zugeschriebene Geschlecht wird mit Biologie begründet. Das daraus konstruierte binäre System wird dann in sozialen und kulturellen Kontexten verfestigt.

Die Geschlechtsidentität ist in unserem Wissen von uns selbst begründet, das geht über unsere Körper hinaus.

Klingt alles erstmal abstrakt, ist es aber eigentlich gar nicht.

Dass Geschlechtsidentität aus deinem Wissen von dir selbst entsteht, bedeutet:

Du bist Expert*in von dir selbst. Du definierst, wer du bist. Niemand anderes kann oder sollte deine Geschlechtsidentität für dich bestimmen.

Dein Geschlecht ist deine Wahrheit, niemand kann dir die wegnehmen. Kein Geschlecht ist »natürlicher« oder »echter« als ein anderes.

Vielen Personen sieht man ihre Geschlechtsidentität nicht an. In diesem Buch schreibe ich »weiblich gelesen« oder »männlich gelesen« - das ist eine kürzere Möglichkeit, um auszudrücken: »Ich nehme diese Person als weiblich/männlich wahr, aber das heißt nicht, dass sie eine Frau/ein Mann ist.« Wie die Darstellung und das Nach-Außen-Tragen von Geschlecht aussehen kann, schauen wir uns in Kapitel 5 näher an.

Für viele Menschen steht ihr Geschlecht einfach fest. Einige wollen sich gar nicht mit einem Geschlecht identifizieren. Andere hinterfragen ihr Geschlecht immer und immer wieder. All das ist okay.

Die eigene Geschlechtsidentität kann eine Reise sein und die sieht für jede*n eben anders aus. Einige dieser verschiedenen, persönlichen und individuellen Geschichten versuche ich dir in diesem Buch so respektvoll und liebevoll, wie ich kann, zu erzählen.

Es gibt hier keinen grundsätzlich falschen Weg. Du musst selbst herausfinden, welcher der richtige für dich sein könnte.

Aktuell gibt es zwei große Standpunkte zum Thema Geschlechtsidentität.

Auf der einen Seite die Personen, die der Meinung sind, Geschlecht sei nur ein soziales Konstrukt und eine Machstruktur und sollte dekonstruiert werden.

Ein Argument ist immer mal wieder, dass auch Geschlechtsidentitäten sich ja auf die Geschlechterrollen und -klischees beziehen würden und Geschlecht eben kein Gefühl sei. Es ist voll in Ordnung, wenn du das so siehst und dich nicht mit einem Geschlecht identifizieren möchtest oder mit der ganzen Idee einer Geschlechtsidentität nichts anfangen kannst - du triffst deine eigenen Entscheidungen.

Kleiner Vergleich, der wirklich, wirklich hinkt, und ich wünschte, mir wäre was Besseres eingefallen, aber: Wenn du selbst keine religiöse Person bist, heißt das ja auch nicht, dass du anderen Menschen ihren Glauben absprechen kannst (oder solltest).

Die Identitäten und Selbstbezeichnungen anderer Menschen werden dadurch aber nicht weniger legitim!

Der Standpunkt, der dieser Perspektive gegenübersteht: Geschlecht ist Bestandteil von unserer Identität und hat unendliche, weil immer individuelle, Ausprägungen.

Ich frage mich dazu immer mal wieder: Laufen nicht beide Standpunkte auf das gleiche hinaus? Geht es nicht bei Beidem im Grunde darum, die traditionellen Geschlechterrollen und -normen loszuwerden?

Wenn ihr mich fragt, gibt es keinen besonders großen Unterschied zwischen sieben Milliarden und null Geschlechtsidentitäten.

Mir ist diese Debatte, um ehrlich zu sein, ziemlich egal. Nicht nur, weil ich sie scheinbar nicht ganz verstehe - worüber streitet ihr da, wenn ihr das gleiche Ziel verfolgt? Sondern auch, weil sie nichts an meiner Grundeinstellung ändert. Nämlich der, dass alle Menschen für sich selbst entscheiden können und dürfen - sowohl in Bezug auf ihre eigene Identität als auch ihrer Wahrnehmung von Geschlecht.

Sollten wir irgendwann rausfinden, dass Geschlechts-identitäten wirklich nur Teil des sozialen und kulturellen Konstrukts sind, dann möchte ich Leuten, die für sich ein Geschlecht benennen, doch trotzdem mit Respekt und Neugier und Akzeptanz begegnen.

Für dieses Buch heißt das: Ich werde diese beliebten Fragen nicht beantworten oder diskutieren.

Wie viele Geschlechtsidentitäten gibt es denn nun!?

Ist es gut oder schlecht, dass es immer mehr Geschlechter werden?

Stattdessen habe ich für dieses Kapitel mit vielen spannenden Menschen gesprochen und zeige dir deren Welten und Erfahrungen.

Diese Entscheidung habe ich getroffen, weil ich weder mich noch irgendwen sonst in der Position sehe, dir vorzuschreiben, wie du Geschlecht zu verstehen hast. Geschlecht ist kompliziert – ja, ich weiß, ich wiederhole mich – und solange wir uns als Gesellschaft vorwärts bewegen, bin ich zufrieden damit, dass Wahrnehmungen verschieden und wir sein können. Verschiedene Menschen entscheiden sich für verschiedene Wege – und meiner Meinung nach sollte die Entscheidung für den eigenen Weg frei, selbstbestimmt, möglich und informiert sein.

Für einige Menschen fühlt es sich bestärkend und ermutigend an, die richtigen Wörter zu finden, um ihr Geschlecht zu beschreiben. Oft wird das Entdecken des passenden Wortes mit dem Zusammenklicken von zwei Puzzle-Teilen verglichen. Einen Begriff für deine Identität zu verwenden, kann dich dabei unterstützen, deine Gefühle auszudrücken oder anderen zu erklären.

Sollten Label aber einfach nicht dein Ding sein, ist das auch okay, du musst dich ja gar nicht mit irgendwas identifizieren.

Label maker

cis-gender male
trigender femme
gender non-conforming

Bevor es nun endlich mit den verschiedenen Geschlechtsidentitäten losgeht noch ein paar Sätze über die nächsten Seiten:

Die Liste der vorgestellten Identitäten ist unvollständig und wird es auch immer sein. Deine Geschlechtsidentität ist echt und wichtig, auch wenn sie nicht auf den nächsten Seiten auftaucht.

Dieses Kapitel ist so eine Art Überblick von Labels (Namen/Begriffen) und den Identitäten dahinter. Diese Liste dient dazu, Erfahrungen von anderen zu erklären und greifbar zu machen - nicht um die Identität von anderen zu bestimmen.

Außerdem bietet diese Liste keine fertige oder feststehende Wahrheit. Die Beschreibungen können gar nicht perfekt sein, denn was ganz genau jemand mit einem Label meint, ist immer noch individuell. Es geht hier also mehr um die Gemeinsamkeiten, die Beschreibungen, die immer wieder auftauchen.

Für dich heißt das: Sei nach dem Lesen dieses Kapitels nicht der Meinung, jetzt alles zu wissen und verstanden zu haben. Hast du nicht. Habe ich nicht. Haben wir alle nicht; die meiste Zeit tun wir doch nur alle so, als hätten wir irgendeine Idee von der Welt.

74

Einige dieser Begriffe wirken auf dich vielleicht völlig austauschbar. Die kleinen Unterschiede sind den Menschen, zu denen diese Wörter gehören, aber sehr wichtig. Und mit den meisten Labels geht auch eine Community einher, eine Geschichte, ein Aktivismus.

Noch dazu verändern sich Einstellungen und Sprache immer wieder. Zum Beispiel wurde das Wort »queer« lange als Schimpfwort verwendet und viele ältere Menschen fühlen sich deswegen bis heute nicht wohl damit. Wohingegen jüngere Leute sich den Begriff zurückerobert haben und jetzt als positive Selbstbezeichnung verwenden.

Ich werde das in diesem Buch vermutlich noch einige Male formulieren, aber: Frag die betreffende Person und schreibe ihr nicht einfach irgendein Label zu, von dem du glaubst, dass es passt. Das ist auch viel entspannter für dich. Das bedeutet nämlich, dass es null Druck gibt, sich all diese Begriffe und Identitäten zu merken. Es geht hier nicht darum, irgendwelche Vokabeln auswendig zu lernen. Nur um einen achtsamen Umgang miteinander.

Cisgender/Cisgeschlechtlich

Wenn die Geschlechtsidentität einer Person mit dem Geschlecht übereinstimmt, das ihr bei der Geburt zugeschrieben wurde, dann ist diese Person cisgeschlechtlich oder cisgender.

Cis und trans* sind Wörter, die das Verhältnis von zugeschriebenem Geschlecht zu Geschlechtsidentität beschreiben. Einige Menschen betrachten cis und trans* aber auch als Teil ihrer Identität. Es gibt bei Geschlecht und Selbstbeschreibung keine festen Regeln – du kannst das machen, was sich für dich richtig anfühlt.

Jemanden als cis- oder trans*geschlechtlich zu beschreiben ist nicht immer unbedingt angebracht. Die Entscheidung, mit wem du teilen möchtest, ob du cis-/trans* geschlechtlich bist, liegt allein bei dir – genauso ist das für alle anderen Menschen, und diese Entscheidungen sollten wir respektieren.

Für trans* Personen kann es sehr unangehm oder sogar gefährlich sein, ihr Geschlecht zu einem Thema zu machen.

Cisgeschlechtliche Menschen haben es auf viele Weisen einfacher in unserer Gesellschaft: Sie brauchen kein Coming Out, sie müssen sich wenig oder gar nicht für ihre Geschlechtsidentität erklären oder rechtfertigen und die meisten erleben keine Dysphorie. (Was Dysphorie genau bedeutet klären wir auf den nächsten Seiten - wenn du arg neugierig bist, kannst du auch auf dem Spickzettel nachschauen.)

Diese Sachen gehören zu dem, was als cis-Privileg beschreiben wird. Dazu gehört auch, dass Cisgeschlechtlichkeit in Medien wesentlich besser repräsentiert und als Norm dargestellt ist. Oder im Bildungssystem einen Platz hat. Oder Politik und Recht auf Cisgeschlechtlichkeit ausgerichtet sind.

All das bedeutet aber nicht, dass cisgeschlechtliche Menschen nicht auch ihre Geschlechtsidentität hinterfragen oder entwickeln. Auch cisgeschlechtliche Menschen kämpfen mit Erwartungen und Stereotypen, die wegen ihres Geschlechts an sie gestellt werden. Innerhalb des binären Systems von Mann und Frau zu leben kann verdammt schwierig sein, egal ob jemand ein cis Mann oder ein trans* Mann ist. Also lasst uns drüber reden. (Mehr zu Männlichkeit und Weiblichkeit ab Seite 100.)

»WER BIN ICH UND WIE KANN/WILL ICH MICH AUSDRÜCKEN!?«

- Diese Frage stellt(e) sich wirklich jede*r, den*die du kennst irgendwann in seinem*ihren Leben.

Trans*gender / Trans*geschlechtlich

Dass es trans* Menschen gibt, ist kein neues Phänomen. Trans*geschlechtlichkeit hat eine lange Geschichte und wenn dich das interessiert, kann ich dir dieses Buch empfehlen:

Trans* ist ein Sammelbegriff für alle Menschen, deren Geschlechtsidentität sich von dem Geschlecht unterscheidet, das ihnen bei Geburt zugeschrieben wurde.

TRANSGENDER HISTORY
The root of today's revolution
SUSAN STRYKER

Viele trans* Geschichten wurden entweder gar nicht erst dokumentiert oder über die Jahrzehnte unsichtbar gemacht und vergessen. Deswegen entsteht bei manchen Menschen der Eindruck, dass trans* sein ein „Trend" wäre.

Jedenfalls gibt es heute nicht mehr trans* Personen als früher – es gibt bloß mehr Sichtbarkeit. Mehr Menschen haben die Möglichkeiten, ihr Geschlecht zu entdecken oder zu benennen, und zu einer Transition, weil wir endlich angefangen haben, die Diskriminierung zu bekämpfen.

Früher wurde in solchen Diskursen von »Transsexualität« gesprochen. Viele Menschen mögen diesen Begriff heute nicht mehr und finden ihn veraltet. Zum einen, weil der Begriff Sexualität im Deutschen impliziert, dass es irgendeinen Zusammenhang mit Sex oder der sexuellen Orientierung geben würde – dass »sex« im Englischen sich auf das sogenannte biologische Geschlecht bezieht, wissen viele nicht. Zum anderen hinterlässt das Wort für viele ein negatives Gefühl, weil es häufig auch negativ gemeint war und ist. Diese negative Besetzung des Wortes kommt noch aus der Medizin: Dort wurde und wird »Transsexualität« als Krankheit behandelt.

Es gibt aber weiterhin Personen, die das Wort transsexuell oder transident verwenden, um sich selbst zu beschreiben. Beispielsweise, weil es den Zugang zu Transition vereinfacht oder sich einfach richtig für diese Person anfühlt. Wenn jemand diese Wörter für sich verwendet, ist das auch völlig in Ordnung und weder veraltet noch uncool.

Neben »trans*geschlechtlich« oder »trans*gender« wird heute oft einfach nur »trans*« gesagt. Damit bleibt die Endung offen und lässt Raum für die Selbstbezeichnungen von trans* Personen. Ich verwende in diesem Buch »trans*« – habe allerdings kein Sternchen bei den Aussagen anderer Menschen hinzugefügt, wenn diese sich selbst anders ausdrücken.

Trans* Identitäten sind nicht an das binäre System gebunden. Es gibt Menschen, die agender und trans* gleichzeitig sind. Oder Personen, die sich als non-binary trans* positionieren. Was diese Wörter bedeuten schauen wir uns gleich noch an – aber es ist jetzt schon wichtig zu wissen, dass trans* Sein nicht immer gleich aussieht. Und nicht alle trans*geschlechtlichen Menschen die gleichen Erfahrungen machen. Genauso wie cisgeschlechtliche Personen ihre eigenen Erfahrungen und Identiäten haben.

Wenn es um trans* Personen geht, die Männer und Frauen sind, werden auch die Begriffe trans* Mann und trans* Frau verwendet. Ein trans* Mann ist ein Mann, dem bei Geburt das Geschlecht weiblich zugeschrieben wurde. Und eine trans* Frau eine Frau, der bei Geburt das Geschlecht männlich zugeschrieben wurde. Dass jemand trans* ist, ist aber keine Information, die der Welt einfach so zusteht. Es reicht, jemanden als Frau oder Mann zu beschreiben.

Weitere Begriffe, die dir im Kontext von Trans*geschlechtlichkeit begegnen könnten:

FTM, eine Abkürzung für »female to male«, also eine Beschreibung der Transition von »weiblich zu männlich«. Manche Menschen mögen diesen Begriff nicht, weil er impliziert, dass ein trans* Mann früher mal weiblich war – und es gibt Menschen, die sagen: »Nein, ich war schon immer ein Mann.« Deswegen gibt es auch die Abkürzung MTM, »male to male«, »männlich zu männlich«. Diese Abkürzung soll ausdrücken, dass es nicht das Geschlecht ist, das sich ändert, sondern die Wahrnehmung von außen und der soziale Aspekt.

Der Begriff MTF steht analog für »male to female«. Auch hier gibt es Personen, die sich mit FTF, »female to female«, wohler fühlen.

Transfeminin ist ein Begriff, der beschreibt, dass einer Person bei Geburt das Geschlecht männlich zugewiesen wurde, die Person aber ein vorrangig weibliches Geschlecht hat und/oder sich gerne weiblich präsentieren möchte. Transfeminine Menschen fühlen sich mit Weiblichkeit verbunden, identifizieren sich aber entweder ganz oder teilweise nicht als Frau. Transfeminine Identitäten können zum Beispiel trans* Frauen, demi-Frauen, non-binary transfeminine Personen oder multigender Personen sein. Analog lässt sich der Begriff auch wieder für Transmaskulin verwenden.

Wenn eine Person dir sagt, dass sie trans* ist, kannst du sie nett und achtsam fragen, mit welchen Begriffen sie sich wohl fühlt.

Viele Menschen reagieren auf das Thema Trans*geschlechtlichkeit damit, dass sie ja persönlich gar niemanden kennen, der*die trans* sei.
Dazu ist wichtig festzustellen, dass du vielen Menschen ihre Trans*geschlechtlichkeit nicht ansiehst. Nur weil du von niemandem in deinem Umfeld weißt, heißt das nicht, dass es auch wirklich keine trans* Person in deinem Umfeld gibt.

Wenn du dich mit Geschichten von trans* Personen beschäftigen möchtest, habe ich hier ein paar Menschen gesammelt, die öffentlich über ihre Transition und Erfahrungen sprechen:

Wenn du dich mit trans* Erfahrungen und Geschichten beschäftigst, behalte im Hinterkopf, dass trans* Personen mehr als ihre Trans*geschlechtlichkeit sind. Ihre Identität hat genauso viele Facetten und Ebenen wie deine und wir müssen Menschen nicht auf ihren trans*- oder cis-Status reduzieren.

Laverne Cox

Thomas Page McBee

Carmen Carrera

Fox Fisher

Annie Wallace

Jack Monroe

Wie sich trans* Personen fühlen werden cisgeschlechtliche Menschen wohl nie ganz nachempfinden können. Eine kleine Empathie-Übung, die manchen hilft:

Stelle dir vor, die ganze Welt behandelt dich als Mann (wenn du eine Frau bist) / als Frau (wenn du ein Mann bist).
Du wirst mit einem Namen angesprochen, der nicht wirklich deiner ist, und es wird mit den falschen Pronomen über dich gesprochen. Es werden Verhaltensweisen von dir erwartet und das Erfüllen einer Geschlechterrolle, die dir fremd ist. Wenn du Kleidung kaufst, wirst du etwas schräg angeschaut, wenn du dich in die Abteilung begibst, in der du dich eigentlich wohl fühlen könntest. Wie fühlst du dich mit der Vorstellung?
Kannst du dieses Gefühl ausweiten? Überlege dir, wie es wäre, wenn dieses Gefühl deinen gesamten Alltag über präsent wäre.

Cisgeschlechtlich zu sein, bedeutet auch, in der Position zu sein, sich einfach nicht mit der eigenen Geschlechtsidentität beschäftigen zu müssen. Das ist eine Option, die trans* Personen nicht wirklich haben.
In Studien wurde übrigens untersucht und herausgefunden, dass die negativen Gefühle und Schwierigkeiten, die trans* Personen häufig haben, nicht von der Trans*geschlechtlichkeit kommen - sondern von dem Umgang der Gesellschaft damit. Unter anderem deswegen wurde Trans*geschlechtlichkeit auch von der Weltgesundheitsorganisation von der Liste der Krankheiten gestrichen.

Wenn cisgeschlechtliche Menschen versuchen sich vorzustellen wie es ist, trans* zu sein, wird häufig die Phrase verwendet: »im falschen Körper geboren/gefangen.« Und während dieser Satz für manche trans* Menschen sehr gut zutrifft, passt er für viele andere gar nicht. Herauszufinden, ob man selbst trans* ist, kann ein langer und anstrengender Prozess sein.

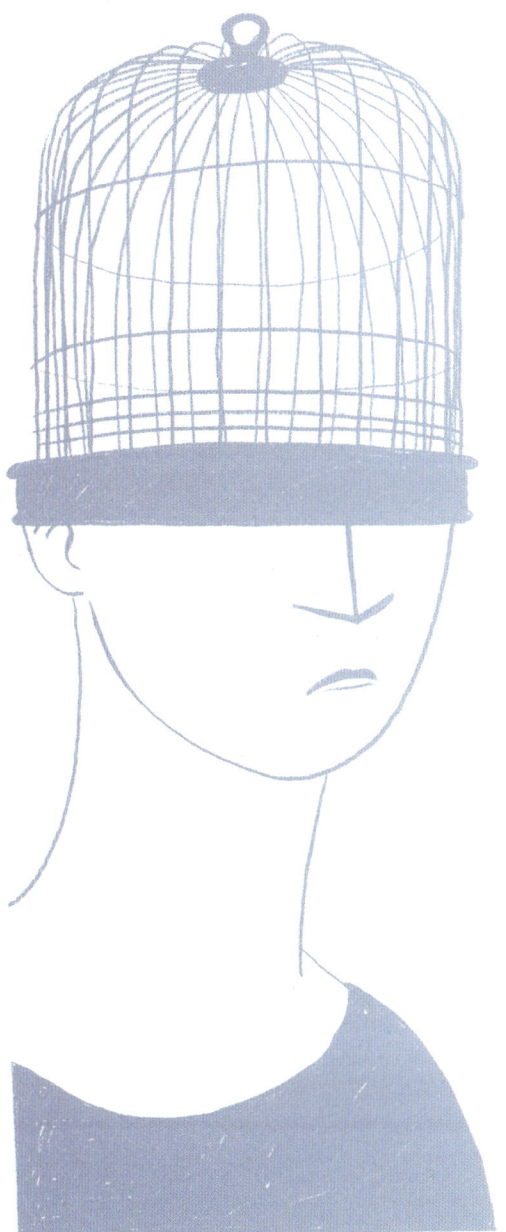

Wir haben alle ein Gefühl dafür, wer wir sind, und für einige Menschen passen die Selbstbilder nicht ganz mit dem zusammen, wie sich der eigene Körper anfühlt und aussieht. Das ist kein Gefühl, dass ausschließlich trans*geschlechtliche Menschen haben.

Dazu kommt, dass wir in einer Gesellschaft leben, in der wir Trans*feindlichkeit in unserer Sozialisation mitbekommen und verinnerlicht haben. Der vorurteils-belastete und trans*feindliche Gedanke »Trans* Sein ist nicht normal«, ist einer, mit dem auch trans* Personen sich auseinander-setzen müssen.

Das sind nur zwei Faktoren, die dazu beitragen können, dass trans* Menschen sich selbst unsicher sind und lange hinterfragen, ob sie trans* sind oder »trans* genug« für eine Transition sind. An alle Leser*innen, die sich aktuell fragen, ob sie vielleicht trans* sein könnten: Nimm dir Zeit, sei geduldig mit dir selbst, es ist okay, es noch nicht raus zu haben.

Viele trans* Menschen bemerken über Euphorie oder Dysphorie ihr trans* Sein.

Dysphorie ist ein Begriff, der die negativen Gefühle beschreiben soll, die eine Person empfindet, weil ihre Geschlechtsidentität nicht mit dem zugeschriebenen Geschlecht und/oder der Geschlechterrolle übereinstimmt.

Dysphorie fühlt sich nach dem Fehlen einer Verbindung zwischen deinem Körper und deinem Kopf an. Dein Körper ist der einer*eines Fremden, der hat nichts mit dir zu tun. Und wie andere deinen Körper sehen, macht dich wütend, traurig, unsicher und überfordert dich. Dein Körper ist einfach nicht so, wie er sein sollte.

Ich vergleiche Dysphorie meistens mit einer Karte. Das habe ich irgendwo gelesen. Jeder Mensch hat eine innere Karte vom eigenen Körper. Wir wissen alle, wo unser kleiner Zeh ist und dass wir einen haben, ohne hinzuschauen. Als trans Person gleiche ich meine innere Karte mit meinem Körper ab und muss feststellen, dass es da Fehler gibt. Diese Lücken und das nicht-Übereinstimmen, das ist meine Dysphorie.

Für manche trans*-Personen ist die soziale Dysphorie besonders groß, also von anderen anders wahrgenommen zu werden, als man sich das wünscht.

Für andere steht Körper-Dysphorie im Vordergrund, also das Unwohlsein mit eigenen Körperteilen.

Jede trans*-Person erlebt Dysphorie anders. Und es gibt auch trans* Personen, die nur sehr wenig oder gar keine Dysphorie erleben – das macht sie aber nicht weniger trans*.

Das Gegenteil von Dysphorie ist Euphorie. Gender-Euphorie ist das Gefühl von Glück, wenn dein Geschlecht bestätigt wird, entweder in deiner Selbstwahrnehmung oder durch die Wahrnehmung von außen.

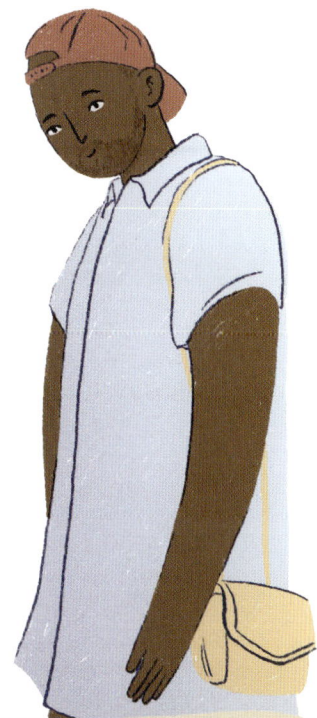

Meine Gender-Euphorie fühlt sich an, wie zwei Puzzleteile, die endlich ineinanderpassen, nachdem man ewig gesucht hat. Ich fühle Euphorie, wenn andere meinen Namen verwenden und mir zeigen, dass sie mich unterstützen. Euphorie sind viele kleine Momente im Alltag. Zum Beispiel die richtige Toilette benutzen zu können, ohne dass jemand komisch schaut.

Das erste Mal, dass ich mich glücklich und selbstbewusst in meinem Körper gefühlt habe, war, als ich einen Binder getragen habe. Ich mochte meine Kleidung mit der flachen Brust, ich mochte, wie andere mich angeschaut haben, der Gedanke, der durch meinen Kopf schoss war: So sollte das sein. Das bin ich, das ist mein Körper.

Die Momente von Euphorie und Dysphorie sind für verschiedene Menschen verschieden ausgeprägt. Manche erleben diese nur kurz und temporär – andere länger anhaltend. Eine dauerhafte und intensive Dysphorie führt zu einem hohen Leidensdruck für trans* Menschen und kann zu psychischen Problemen wie Angststörungen, Depressionen oder suizidalen Gedanken führen. Umso wichtiger ist es, als Ally (Verbündete*r, Helfer*in) unterstützend und liebevoll mit trans* Personen umzugehen.

Viele Menschen nehmen mich als maskuline Frau wahr. Ich habe das immer wieder im Kopf. Jedes Mal, wenn ich Kleidung kaufe oder mich morgens anziehe, frage ich mich, wie ich mich so weit wie möglich der Wahrnehmung als Mann oder Frau entziehen kann.

Meine Momente der Euphorie sind oft gefolgt von Dysphorie. Ein Kind hat zum Beispiel an der Supermarktkasse laut gefragt: »Mama, ist das ein Junge oder ein Mädchen?« Ich habe mich darüber gefreut, ich möchte nicht, dass andere mich in eine dieser Schubladen sortieren. Aber die Mutter hat mich gemustert und geantwortet: »Das ist ein Mädchen, glaube ich.« – und ich dachte nur: »Warum musste das denn jetzt sein?« Dieses zwanghaft binäre System macht mich krank, ich bin seit Jahren in Therapie, weil ich mit sozialer Dysphorie alleine nicht zurechtkomme. Es gibt für mich als agender trans* Person aber auch keinen richtigen Weg aus der Dysphorie heraus. Manchmal beneide ich binäre trans* Personen für ihre Möglichkeiten einer Geschlechtsangleichung.

Euphorie und Dysphorie sind keine reinen trans* Themen. Sie sind in diesem Abschnitt gelandet, weil es ein häufig auftauchendes Thema im Zusammenhang mit Trans*geschlechtlichkeit ist. Aber ich möchte mich wiederholen: Nicht alle trans* Menschen erleben das so und sie sind trotzdem trans*. Und nicht nur trans*geschlechtliche Personen erleben das, das bedeutet aber nicht, dass sie trans* sein müssen. Deine Geschlechtsidentität kannst letztendlich nur du selbst fühlen, entdecken und definieren.

Viele trans*geschlechtliche Personen entscheiden sich für eine Transition. Aber auch hier gilt: Dich dagegen zu entscheiden, bedeutet nicht, dass du weniger trans* oder nicht trans* genug wärst! Als Transition werden alle Maßnahmen bezeichnet, die dazu beitragen, Dysphorie zu minimieren. Dazu gehören soziale, medizinische und legale Transition.

Einigen trans* Personen stehen dabei nicht alle Möglichkeiten offen, beispielsweise wegen rechtlicher, finanzieller oder gesundheitlicher Voraussetzungen. Auch diese Menschen sind trotzdem trans*, denn eine Person ist trans*, wenn sie diese Bezeichnung für sich selbst wählt – nicht nach einer bestimmten Menge von Transition.

Wenn über Transition gesprochen wird, fällt häufig der Begriff Passing. Das Englische »to pass« spielt hier auf die Fremdwahrnehmung an: Man wird als eines der binären Geschlechter wahrgenommen. Passing ist also beispielsweise erreicht, wenn eine trans* Frau von anderen als Frau gelesen wird. Als trans* erkennbar zu sein, ist gefährlich und wird häufig mit Beleidigungen oder Gewalt beantwortet. Passing ist deswegen für viele trans* Personen ein wichtiges Thema.

Ich darf meine Brüste nicht abbinden. Ein Binder, also so eine Art Kompressionsweste, die den Brustkorb flacher wirken lässt, kommt für mich nicht infrage. Ich trage immer viel zu große Kleidung, aber richtig wohl fühle ich mich trotzdem nicht. Anderen trans-Männern muss ich immer erst erklären, warum ich keinen Binder trage, bevor ich vollständig akzeptiert werde. Auch der Psychologe, der mich eigentlich unterstützen soll, glaubt mir nicht so richtig, dass ich trans-männlich bin. Mein psychischer Leidensdruck sei nicht groß genug, das würde man daran erkennen, dass ich nicht bereit sei, meine Gesundheit zu riskieren und entgegen medizinischem Rat einen Binder zu tragen.

Meine Transition war eine Reise zu mehr Selbstliebe. Es ist nicht so, dass ich meinen Körper vorher gehasst hätte. Das ist mein Körper, das ist mein Zuhause. Aber ich bin jetzt ruhiger, ausgeglichener, ich merke den Unterschied in meiner psychischen Gesundheit.

Zentral in der sozialen Transition ist für viele, das Umfeld zu informieren und mit einem neuen Namen und anderen Pronomen angeredet zu werden.

Sich daran zu halten, ist für die betreffende Person ziemlich wichtig – vermutlich hat es sie schon eine Menge Mut gekostet, danach zu fragen. Damit sie sich nun unterstützt und gesehen fühlt, müssen wir als Umfeld auch entsprechend auf diesen Wunsch reagieren. Und klar macht man dabei Fehler. Wenn man eine Person schon lange unter einem bestimmten Namen kannte, wird einem der alte Name, auch dead name genannt, wahrscheinlich mal durch die Lippen rutschen.

Wenn das passiert: Entschuldige dich nicht immer und immer wieder, das bringt nur extra viel Aufmerksamkeit auf die Sache. Bedanke dich für den Hinweis auf deinen Fehler, korrigiere dich selbst und dann rede weiter. Die richtigen Pronomen und Namen zu verwenden ist nur eine Frage der Gewohnheit, und sich aus Faulheit keine Mühe zu geben, ist ein wirklich blöder Grund, deine trans* Freund*innen nicht zu unterstützen. Du würdest vermutlich auch nicht dauerhaft mit »du da!« angesprochen werden wollen, nur weil jemand keine Lust hat, sich deinen Namen zu merken.

Ihre Wohnung ist...

Sorry.

Seine Wohnung ist nur ein paar Haltestellen entfernt.

Zu sozialer Transition können beispielsweise auch diese Aspekte dazu gehören:

Neue Kleidung tragen.

Sich für eine andere Frisur entscheiden.

Schuhe, Accessoires und Styling-Gewohnheiten ändern.

Einen Binder zu tragen, um die Brust flacher wirken zu lassen, oder mit Tucking (»Unterstecken«) anfangen, um den Eindruck einer Vulva zu erzeugen.

Stimmtraining.

Sich selbst akzeptieren und die eigene Identität mit Stolz annehmen.

Unter die legale Transition fällt vor allem die Änderung von Name und/oder Personenstand (also dem Geschlechtseintrag) in Geburtsurkunde, Personalausweis und allen anderen Dokumenten. Für diese Änderung müssen bestimmte Bedingungen erfüllt werden und in den meisten Ländern sind die Hürden dafür sehr groß.

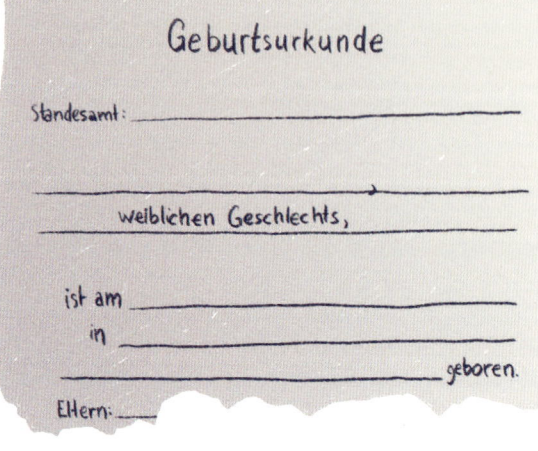

Geburtsurkunde

Standesamt: _____

_____
weiblichen Geschlechts,
_____

ist am _____
in _____
_____ geboren.

Eltern: _____

Diese Änderung ist aber sehr wichtig für viele trans* Menschen.

Zum Beispiel, damit in ihrem Arbeitsvertrag oder ihren Zeugnissen die richtigen Angaben stehen und die Person nicht bei jeder Bewerbung ihre Trans*Geschlechtlichkeit offenlegen muss. Oder weil Lehrer*innen sich manchmal weigern, einen anderen Namen zu verwenden, als der, der auch in den Unterlagen steht.

Die medizinische Transition betrifft alle Entscheidungen, die eine trans* Person bezüglich ihres Körpers trifft.

Welche Entscheidungen diesbezüglich getroffen werden, hängt nicht nur von der Menge von Dysphorie ab, sondern auch von...

... den Wünschen und Bedürfnissen der Person. Jede trans* Person wünscht sich unterschiedliche Dinge für ihren Körper. Es gibt auch trans* Personen, die sich komplett gegen medizinische Maßnahmen entscheiden.

... den Möglichkeiten, die einer Person rechtlich offenstehen: Ist eine Transition in dem Land legal?

... den finanziellen Ressourcen: Unter welchen Bedingungen zahlt die Krankenkasse wie viel und was passiert, wenn die Krankenkasse nichts zahlt?

... der Sicherheit: Wie viel Gewalt gibt es in der Gegend oder dem direkten Umfeld gegen trans* Personen?

... dem persönlichen Umfeld: Kann sich jemand nach einer OP um die Person kümmern oder gibt es zu wenig Akzeptanz und Unterstützung?

... den medizinischen Möglichkeiten und Risiken.

Auch ein Punkt, der medizinisches Gatekeeping heißt, spielt bei der medizinischen Transition eine Rolle. Gatekeeping bedeutet, dass eine fremde Person sozusagen das Tor (englisch: Gate), durch das du hindurch möchtest, versperrt (englisch: keeping) und die Bedingungen festlegen kann, unter welchen du hindurch darfst.

In Deutschland braucht eine trans* Person beispielsweise Gutachten und »Expert*innen«, die bereit sind eine Behandlung durchzuführen. Soll heißen: Trans* Personen müssen jede Menge Papierkram erledigen und dann fremde Personen davon überzeugen, dass sie wirklich trans* sind, um an die Transition zu kommen, die sie möchten und brauchen.

Diese Gutachter*innen entscheiden oft entlang traditioneller und veralteter Geschlechtervorstellungen. Zum Beispiel wird von trans* Frauen erwartet, dass sie Röcke und Make-up tragen. Trans* Personen stehen in diesen Situationen in der Beweispflicht: Sie müssen zeigen, dass sie »echte« Männer und Frauen sind.

Dieser Prozess ist für *weiße* Menschen ohne körperliche und/oder psychische Beeinträchtigung aus der sogenannten Mittel- und Oberschicht noch am einfachsten. Für Menschen, die Mehrfachdiskriminierung erleben (schau dir vielleicht nochmal die Seiten 15 bis 17 zu Intersektionalität an), ist das Problem des Gatekeepings noch größer.

Zu medizinischer Transition können zum Beispiel eine Hormontherapie, eine sogenannte »top surgery«, um eine Brust aufzubauen oder einen flachen Brustkorb zu erzeugen, oder auch eine Genitaloperation gehören. All diese Maßnahmen werden auch als Geschlechtsangleichung bezeichnet.

Wenn du einer trans* Person neu begegnest, ist es ziemlich unangebracht zu fragen, welche dieser Schritte sie bereits gegangen ist oder plant zu gehen – die Person ist nicht je nach Anzahl medizinischer Eingriffe mehr oder weniger trans*, und deine cisgeschlechtlichen Freund*innen fragst du doch auch nicht, wie ihre Genitalien so aussehen.

Ich werde die einzelnen medizinischen Möglichkeiten hier nicht auflisten. Zum einen, weil Gesundheitssysteme sich über die Zeit ändern, auch in Abhängigkeit zur Gesetzgebung und gewählten Politiker*innen. Zum anderen weil dieses Buch eher ein Einstieg in das Thema Geschlecht ist und eine umfassende Beratung nicht ersetzen kann. Ganz hinten im Buch findest du eine Liste mit Ressourcen, Anlaufstellen und YouTube-Empfehlungen, falls du dich noch eingehender mit dem Thema beschäftigen möchtest.

Non-binary definiert über das Gegenteil. Ich bevorzuge deswegen »drittes Geschlecht« oder einfach nur »trans«. Genauso wie ich nicht als »nicht-*weiß*« beschrieben werden will. Ich möchte nicht über mein Abweichen von eurer Norm beschrieben oder definiert werden.

Als ich angefangen habe, das Label trans-Mann für mich zu verwenden, ist meine Dysphorie durch die Decke explodiert. Falsch gegendert zu werden, hat Panikattacken ausgelöst. Meinen Körper habe ich als zu »weiblich« betrachtet und mich selbst verletzt. Ich dachte, ich müsste mich so fühlen, als wäre ich »im falschen Körper«. Zu erkennen, dass ich Teile von meinem Körper lieben kann – und trotzdem noch genauso trans bin – ist ein Prozess. Das hat viel mit verinnerlichter trans-Feindlichkeit zu tun. Aber genauso mit dem Hass gegen sich selbst, den Menschen lernen, die weiblich erzogen werden.

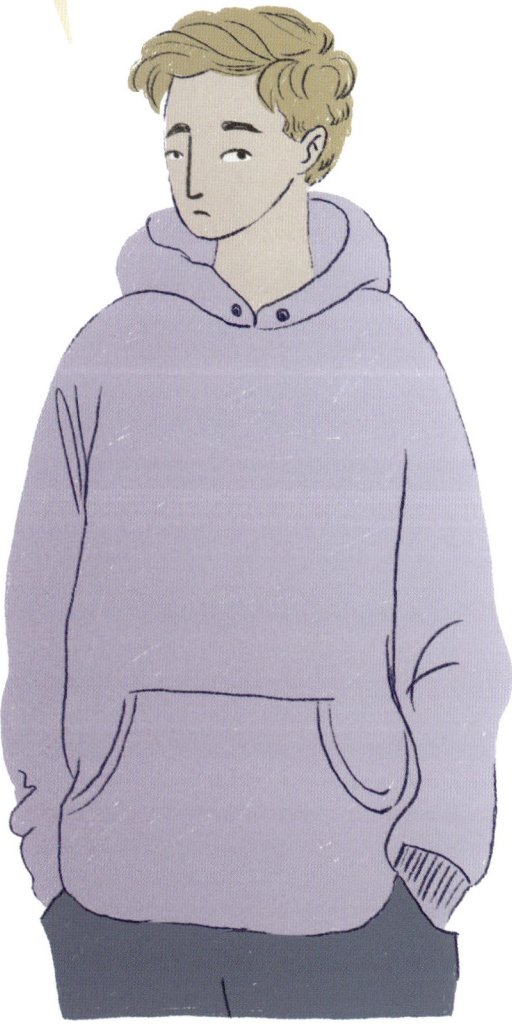

94

Früher dachte ich, dass meine Probleme gelöst wären, wenn ich noch mehr dem Bild von Weiblichkeit entspreche, das ich überall um mich herum gesehen hatte. Ich habe mir größere Brüste gewünscht, Push Up BHs getragen, mich täglich geschminkt. Ich wusste nicht, seit ich klein war, dass ich trans bin. Ich musste erst herausfinden, wo auf dem Spektrum ich mich überhaupt wohlfühle – und hatte dabei lange nur die weiblichen Möglichkeiten für mich in Betracht gezogen.

Trans*-Sein mit Hormontherapie gleichzusetzen, ist ein sehr euro-zentrisches Konzept. Ich werde männlicher als *weiße* Menschen wahrgenommen, egal was ich mache. Schwarzsein in Deutschland wird mit ähnlichen Eigenschaften besetzt wie Männlichkeit. Ich kann in Highheels durch die Straßen spazieren und werde trotzdem noch männlicher gelesen, als kleine *weiße* Mädchen. Für *weiße* Menschen muss ich gar nicht noch mehr Männlichkeit darstellen. Und meine Schwarzen Geschwister setzen Geschlecht nicht mit Aussehen oder Hormonen gleich.

Viele trans* Männer werden als weicher, sanfter, emotionaler, zugänglicher wahrgenommen als cis Männer. Und ich habe kein Problem damit, wenn andere trans* Männer »femininer« sein wollen. Aber ich habe auch keine Lust darauf, mir anzuhören, dass ich negative Stereotype unterstützen oder toxische Männlichkeit reproduzieren würde, weil ich kein »femininer« trans* Mann bin. Ich möchte ins Fitnessstudio gehen und Sport schauen und Bier trinken. Das habe ich auch vor meiner Transition schon gemacht. Dass cis Personen die Entscheidungsmacht darüber haben, wann jemand welches Geschlecht hat und wie das auszudrücken ist, finde ich problematisch.

Ich hasse die Diskussionen darüber, was männlich und weiblich ist. Ich hasse es, mich beweisen zu müssen. Warum sind einige Menschen so versessen darauf, Frauen und ihre Körper zu regulieren und festzuschreiben? Andere Menschen sollten nicht so viel Macht über das Leben einer Person haben. Das ist mein Körper und ich möchte allein und frei entscheiden können, was damit passiert. Ich möchte als Frau erkannt werden, sobald ich sage: Ich bin eine Frau. Warum muss man mir dann sagen, dass »echte Frauen« lange Haare haben? Warum muss ich Make Up tragen? Warum soll ich mich den Regeln unterwerfen, die »echte Frauen« schon lange kritisieren, nur um endlich als die Person gesehen zu werden, die ich bin?

Viele Menschen glauben, dass nicht-binäre Geschlechter mit einem androgynen Ausdruck einhergehen müssen. Müssen sie aber nicht. Ich ärgere mich selbst darüber, dass ich diesem Eindruck entspreche. Unter dem Begriff trans* sammeln sich so viele verschiedene Personen. Aber um Zugang zu den Dingen zu bekommen, die wir wollen – Namensänderung oder Hormone zum Beispiel – müssen wir dem Bild entsprechen, dass im Mainstream von uns herrscht. Du willst trans* Mann sein und dich schminken? Da kannst du grade wieder nach Hause gehen, dir wird niemand das Gutachten ausstellen, das du brauchst. Ich weiß nicht, ob ich für immer dem androgynen Stereotyp entsprechen werde. Vielleicht fühle ich mich freier und habe mehr Mut für Experimente, wenn ich erstmal Zugang zu Hormonen bekommen habe.

Ich bin stolz, trans Frau zu sein. Die Rechte der gesamten queeren Community wurden ganz viel von trans Women of Colour erkämpft. Und dieser Kampf ist noch nicht vorbei. Im Durchschnitt leben trans Menschen in den USA und Europa 35 Jahre. Viele nehmen sich viel zu früh das Leben. Viele trans People of Colour werden umgebracht. Wir müssen als Gesellschaft und als queere Community radikal umdenken und einander unterstützen. Nicht jede trans Person sieht trans aus, nicht jede wird in die eigenen Vorstellungen von trans passen und nicht jede Person passt in eigene Schönheitsvorstellungen. Aber jede trans Person verdient Unterstützung und dass auch *weiße* as Menschen helfen, die Mauern einzureißen, die noch in unserem Weg stehen.

Du wirst immer mal Menschen treffen, die entweder kein Label verwenden wollen oder dir ihre Geschlechtsidentität nicht sagen möchten.

Gründe dafür könnten sein:

* Sie sind sich selbst noch nicht sicher.
* Sie kennen dich nicht gut genug, um dir davon zu erzählen.
* Sie wollen dir einfach nicht davon erzählen.
* Ihre Identität verändert sich zu häufig für ein Label.
* Sie haben das Gefühl, dass ein Label ihre Möglichkeiten einengen würde.
* Sie haben Angst vor Stigma und Vorurteilen.
* Sie glauben nicht an Geschlecht als einen Teil von Identität.
* Sie möchten einfach kein Label verwenden.

Fallen dir noch mehr ein?

All diese und auch jeder andere Grund ist völlig legitim, kein Label zu verwenden oder nicht darüber zu sprechen. Nur weil sich eine Person wohler mit einem Label fühlt, muss das ja nicht für alle gelten.

Nach diesen vielen Sätzen darüber, was es mit diesem ganzen Identitäts-Ding eigentlich auf sich hat, geht es jetzt endlich wirklich los. Falls du hin- und herspringen möchtest oder dich gar nicht alles interessiert: Hier ein Wegweiser, welche Begriffe in diesem Kapitel wo vorgestellt werden. Mit Kapitel 5 geht es auf S. 167 weiter.

Männer & Frauen S.100
Androgyn S.122
Aporagender S.124
Maverique S.126
Intergender S.128
Bigender S.130
Two-Spirit S.132
Gender Nonconforming S.134
Gender Confusion S.136
Non-binary S.138
Genderqueer S.140
Genderfluid S.142

Genderflux S.144
Multigender S.146
Trigender S.148
Pangender S.150
Maxigender S.150
Graygender S.152
Demigender S.154
Gender Indifferent S.156
Gender neutral S.157
Neutrois S.158
Agender S.160
Questioning S.162

MÄNNER UND FRAUEN

Alles, was du tun musst, um ein Mann/eine Frau zu sein:

Dich als Mann/ Frau identifizieren.

Fertig.

Es ist egal, mit welchen biologischen Merkmalen du geboren wurdest oder ob andere dir glauben oder dich so wahrnehmen – Wenn du dich mit einem Geschlecht identifizierst, dann ist das deine Geschlechtsidentität und damit echt und wahr und legitim.

Männlichkeit

Das präsente Bild von Männlichkeit in unserer Gesellschaft ist eines von Stärke. Männer werden als die Versorger betitelt, Männer sollen die Kontrolle haben, verantwortungsvoll sein, keine Schwäche zeigen.

Oft haben Männer Schwierigkeiten zuzugeben, wenn sie mit etwas zu kämpfen haben. Für viele Männer scheint es unmöglich, eine bunte Bandbreite an Gefühlen zu erleben, zu zeigen oder zu verarbeiten - zu den unterdrückten Gefühlen gehören häufig Angst, Traurigkeit oder Einsamkeit. Diese Gefühle zu verdrängen, führt für manche zu Aggression oder psychischen Problemen. Da Männern aber beigebracht wird, dass sie nicht schwach sein dürfen, suchen sie selten Hilfe - ihre Probleme äußern sich in hohen Raten von Alkohol- und Drogenproblemen und Suiziden.

Allgemein haben Männer eine höhere Wahrscheinlichkeit (als Frauen) früh zu sterben - denn von ihnen wird erwartet, dass sie gefährliche oder gesundheitlich belastende Jobs übernehmen, beispielsweise im Militär oder auf dem Bau. Zudem sind sie häufiger in Verbrechen involviert, sowohl als Täter als auch als Betroffene.

Wenn Männer Eigenschaften zeigen, die typischerweise mit Frauen oder Weiblichkeit assoziiert werden, wir ihnen schnell mal an den Kopf geworfen, eine »Pussy« oder ein »Weichei« zu sein, oft werden auch homofeindliche Beleidigungen verwendet.

Das ist nicht nur unfair gegenüber Männern, sondern stützt sich auch auf die Idee, dass Frauen das »schwächere« oder »unterlegene« Geschlecht seien.

All das wird auch als toxische Männlichkeit bezeichnet.

Toxische Männlichkeit bedeutet nicht, dass Männer giftig sind oder Männlichkeit etwas Schlechtes.

Das »toxisch« soll nur beschreiben, dass diese Idee von Stärke, diese Vorstellungen, dass Männer harte Menschen sind, die nie heulen oder Angst haben oder zart und liebevoll sein wollen, etwas Zerstörerisches hat.

Einige Männer leiden unter diesem Rollenbild. Und viele wollen damit eigentlich gar nicht so viel zu tun haben.

Dennoch ist das Bild des starken, emotionslosen Mannes das präsenteste in unserer Gesellschaft. Zum Beispiel haben die Protagonisten in vielen Filmen einige toxische Eigenschaften - sie objektifizieren Frauen, sind gewalttätig und aggressiv oder wollen einschüchternd und stark wirken.

Diese Protagonisten sind dann aber auch die Helden, wir schauen ihnen dabei zu, wie sie die Welt retten - und fangen an, diese Verhaltensweisen zu zelebrieren und hinterfragen nicht oft genug kritisch, was wir da sehen.

Einige der Eigenschaften, die mit Männlichkeit verbunden werden, können bestärkend und hilfreich sein.

Andere werden dir aber Türen verschließen und die Möglichkeiten, die du in deinem Leben hast, limitieren.

No homo bro.

Das Problem an unseren Ideen von Männlichkeit ist, dass wir erwarten, dass andere diesen auch wirklich entsprechen. Ballett und über Gefühle reden? Nix da, das ist Mädchenkram. Genau solche Aussagen sind schädlich. Denn es ist nicht okay, dass ein Mann, der Gefühl zeigt, immer sofort klarstellen muss, dass er aber nicht schwul sei.

Emotionen verarbeiten und ausdrücken zu können, das ist eine super wichtige Fähigkeit im Leben und macht dich stark, egal welche Geschlechtsidentität du hast.

Diese Form von Männlichkeit ist nicht nur toxisch, sondern auch sehr fragil, also zerbrechlich. Vielleicht wolltest du dich selbst beim Lesen schon verteidigen oder mir sagen, dass das alles so gar nicht stimmt.

Nicht alle Männer sind so!

Was habe ich dir denn getan!?

Ich persönlich würde mich so nie verhalten!

Lass mich mit deinem Feminismus-Kram einfach in Ruhe! Das hat nichts mit mir zu tun.

Fragile Männlichkeit ist ein Begriff, der den Verteidigungsmodus beschreibt, in den viele männlich sozialisierte Menschen sofort springen, sobald über männliche Privilegien oder sexistische Strukturen gesprochen wird.

Dieser Verteidigungsmodus kann ganz verschiedene Formen annehmen.

Einen Streit anfangen.

Wut und Aggression.

Einfach still sein und sich aus der Diskussion raushalten.

Diskussionen unsichtbar machen - zum Beispiel einen Post in sozialen Medien löschen, nachdem kritische Kommentare kamen.

Diskussionen zu löschen oder einfach nicht zu führen wird auch gerne als »male silence« (Englisch: männliches Schweigen) beschrieben. Und: Schweigen ist nicht neutral.

Schweigen bedeutet, still einverstanden zu sein und in die andere Richtung zu schauen, während ganz schön viel Mist passiert.

Schweigen bedeutet, deine eigenen Privilegien zu schützen und Machtstrukturen aufrecht zu erhalten. An diesem Verhalten beteiligen sich nicht ausschließlich Männer.

Dieses Schweigen zeigt sich genauso wie die Fragilität in verschiedenen Verhaltensmustern. Zum Beispiel darin, das Thema zu wechseln, wenn es um Sexismus geht. Oder dich zu rechtfertigen und Erklärungen zu suchen. An Unterhaltungen über Diskriminierung nicht teilzunehmen. An Demos zu den Rechten von Frauen und queeren Menschen nicht teilzunehmen. Petitionen für Geschlechtergerechtigkeit nicht zu unterschreiben. Posts auf sozialen Medien zu diesen Themen nicht zu teilen. Andere für den Ton kritisieren, mit dem sie über Diskriminierung sprechen, statt über die Inhalte nachzudenken.

Fallen dir noch mehr Arten ein, wie Diskussionen stillgelegt werden können? Welche davon hast du selbst schon verwendet? Warum?

Fragile Männlichkeit bedeutet, dass männlich sozialisierte Menschen sich gerne mal als die angegriffenen, unschuldigen Opfer darstellen, sobald ein Gespräch über Männlichkeit gestartet wird.

Häufig entsteht dieses destruktive Verhalten aus Angst – vor anstrengender Selbstreflexion oder auch davor, eigene Fehler einsehen zu müssen.

Das ist nicht nur anstrengend in Diskussionen, sondern verbaut dir auch die Chance, wirklich zuzuhören. Männliche Fragilität verhindert, dass Männer die besten Allys (Verbündeten/Helfer) im Kampf gegen Sexismus, Homo- und Trans*feindlichkeit sind, die sie sein könnten.

Deine Notizen zu Männlichkeit:

Wie erlebst du Männlichkeit? Was erwartest du von Männern in deinem Umfeld? (Wie) Sprichst du mit Freund*innen über Männlichkeit?

WEIBLICHKEIT

Das Bild, das wir von Weiblichkeit haben, ist super eindimensional. Die Rollenklischees von Weiblichkeit kannst du im dritten Kapitel (ab Seite 40) nochmal anschauen.

Wenn wir nur eine einzige Geschichte kennen, glauben wir irgendwann selbst daran, dass das die Wahrheit sein muss. Es gibt einen TED-talk, den du auf You-Tube findest, »the danger of a single story«, in dem es darum geht.

Weiblich sozialisiert zu werden, bedeu-tet, diese ganzen Bilder von schönen, stillen, emotionalen Frauen zu sehen, zu verinnerlichen und wenigstens ein bisschen selbst dran zu glauben.

Feststellen kann man das gut an einem Mathe-Beispiel:
Zwei Gruppen von Schüler*innen wurden Matheaufgaben gegeben. Der einen Gruppe wurde vorher gesagt, dass in vorangegangenen Tests keine Unterschiede in der Leistung von Mädchen und Jungen festgestellt wurde. Der anderen Gruppe wurde gesagt, dass Mädchen tendenziell schlechter darin wären, diese Aufgaben zu lösen. Diese Ankündigungen haben sich auf die Ergebnisse ausgewirkt: In der einen Gruppe gab es wirklich keine Unterschiede. In der anderen dagegen waren die Mädchen schlechter und haben danach angegeben, dass sie nicht glauben, Mathe gut zu können.

> Was wir uns gegenseitig erzählen, bleibt nicht ohne Auswirkungen. Was wir für Bilder von Weiblichkeit reproduzieren, bleibt nicht ohne Auswirkungen. Wir verinnerlichen das alles und passen unsere Handlungen entsprechend an.

Wie schlimm eindimensional die Darstellung von Frauen in unserer Gesellschaft noch ist, lässt sich gut mit dem Bechdel-Test feststellen. Dieser Test wurde von Allison Bechdel entwickelt, um festzustellen, wie gut sich ein Film darin schlägt, Frauen abzubilden. Der Test ist eigentlich sehr einfach, es müssen nur drei Fragen beantwortet werden: 1. Gibt es in dem Film zwei weiblich gelesene Charaktere, die Namen haben? 2. Reden diese zwei Figuren miteinander? 3. Reden sie über etwas anderes als Männer?

Der Test kann nur feststellen, ob Frauen auch außerhalb ihrer Beziehung zu einem Mann eine Persönlichkeit bekommen. Der Test stellt noch nicht fest, ob nicht auch andere sexistische Vorurteile reproduziert werden. Zum Beispiel kann es ja sein, dass es zwar zwei Frauen in dem Film gibt – diese sich aber nur über Lippenstift unterhalten. Auch wenn überhaupt nichts dagegenspricht, sich stundenlang über Lippenstift auszutauschen, wäre das ein Bild, welches die Idee unterstützt, Frauen seien sehr oberflächlich.

Ungefähr die Hälfte der Kinofilme besteht den Bechdel-Test (genauer kannst du dir das auf bechdeltest.com anschauen). Was mit der anderen Hälfte ist? Scheinbar spielt die in Welten, in denen es keine Frauen gibt oder eben nur Frauen gibt, wenn sie für die Männer spannend sind. Kein Wunder also, dass wir ein verzerrtes Bild von Weiblichkeit haben.

> Man könnte meinen, dass dieser Test zu niedrige Erwartungen ansetzen würde; dass es ganz einfach wäre, den zu bestehen. Das ist leider nicht so.

Der Bechdel-Test erfasst keine anderen Ebenen von Ausgrenzung und Diskriminierung. Schwarze Frauen, lesbische Frauen oder Frauen im Rollstuhl sind beispielsweise noch weniger auf der Leinwand zu sehen als ihre *weißen*, heterosexuellen Kolleginnen ohne Behinderung.

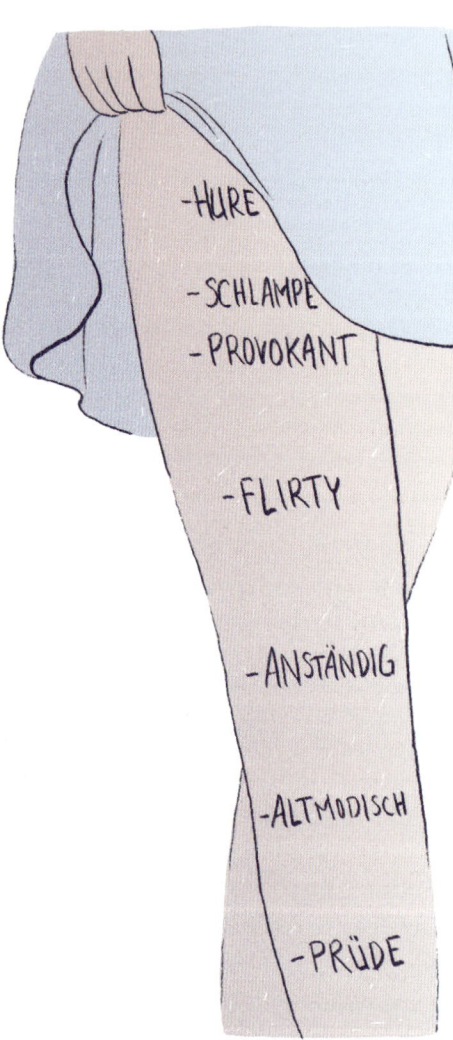

- HURE
- SCHLAMPE
- PROVOKANT

- FLIRTY

- ANSTÄNDIG

- ALTMODISCH

- PRÜDE

Frauen bewegen sich oft auf einem sehr schmalen Grat, wenn sie sich bemühen, eine akzeptierte und »richtige« Weiblichkeit darzustellen. Zum Beispiel wird von jungen Frauen erwartet, dass sie sexy seien - aber eben nicht wie »Schlampen« wirken. Oder dass sie selbstbewusst auftreten sollen, aber nicht zu dominant sein dürfen.

Das kann nicht nur sehr anstrengend sein, sondern hat für viele auch Auswirkungen auf ihre psychische Gesundheit. Es ist okay, wenn du Hilfe brauchst und es ist mutig von dir, sie zu suchen und anzunehmen!

Während Männer dazu ermutigt werden, ihre Gefühle in Form von aggressivem Verhalten nach außen zu tragen, wird von Frauen erwartet, diese mit sich selbst auszumachen. Viele Frauen suchen die Schuld für negative Gefühle oder Erfahrungen bei sich selbst und haben ein eher schlechtes Bild von sich selbst.

DIE UNSCHÖNEN SEITEN DES FRAU-SEINS.
(Oder: Beispiele dafür, warum mir niemand erzählen kann,
dass wir keinen Feminismus mehr bräuchten.)

Frauen haben ein hohes Risiko für Essstörungen, ungesunde Diäten oder Sportsucht. Das liegt nicht daran, dass Frauen schwach oder beeinflussbar sind – sondern daran, dass der Druck enorm hoch ist, einem ganz bestimmten Körperbild zu entsprechen.

Im deutschen Bundestag sind nur etwa ein Drittel der Plätze mit Frauen besetzt. Gesetze, die alle betreffen, werden also vor allem von Männern beschlossen.

Frauen verdienen bis heute weniger pro Stunde als Männer mit der gleichen Qualifikation. In Deutschland liegt der sogenannte Gender Pay Gap bei etwa 20%.

Abtreibungen sind ein Straftatbestand und bleiben nur unter bestimmten Bedingungen straffrei. Wie eine Abtreibung durchgeführt wird, ist nicht Bestandteil eines regulären Medizinstudiums. In einigen Regionen Deutschlands müssen über 100 km zurückgelegt werden, um Zugang zu einer Abtreibung zu erhalten.

Unter Frauen gibt es eine hohe Rate von Angststörungen und Depressionen. In einigen Studien wurden Zusammenhänge zwischen diesen psychischen Erkrankungen und dem Bild von Weiblichkeit, das in unserer Kultur dominant ist, gefunden.

Einige Frauen haben das Gefühl, keine eigene Person zu sein, sondern definieren sich über ihre Rolle als Partnerin, Ehefrau oder Mutter. Deswegen ist die Erfahrung von einem Beziehungsende, einer Scheidung oder einem Kind, das auszieht, oft traumatisch für Frauen.

Produkte, die für Frauen vermarktet werden, sind durchschnittlich teurer als solche, die an Männer verkauft werden sollen. Das wird auch pink tax genannt, aus dem Englischen »Steuer auf Pinkes«. Für Schönheitsarbeit geben Frauen jährlich mehrere hundert Euro aus.

Frauen haben ein hohes Risiko sexualisierte und/oder häusliche Gewalt zu erleben.

Viele Eigenschaften benennen wir unterschiedlich, je nachdem, ob wir über einen Mann oder eine Frau sprechen. Das liegt an den Doppelstandards, die wir dank der sozialen Konstruktion von Geschlecht haben. Hier ein paar Beispiele, wenn dir noch mehr einfallen, schreib sie gerne dazu:

Gute
Führungsperson   —   dominant
emotional   —   hysterisch
schwul   —   feminin
attraktiv   —   hübsch

Diese Doppelstandards machen es Männern und Frauen oft schwer zu navigieren, was ihre Geschlechtsidentität für sie konkret bedeutet. Hier sind ein paar Ideen, wie du reagieren kannst, wenn du diese Doppelstandards in deinem Alltag entdeckst:

Frage die Person, was sie gemeint hat, wenn du etwas sexistisches hörst. Oder bitte jemanden darum, einen sexistischen Witz zu erklären. Häufig ist es einfacher, die Person durch eine Frage dazu zu bringen, über ihre Vorstellungen von Geschlecht nachzudenken, als selbst etwas zu sagen.
Wenn du dich dazu in der Lage fühlst: Sag etwas. Sprich die Person an. Erkläre, dass das so nicht okay ist.

Rede mit deinen Freund*innen regelmäßig über Geschlecht. Tauscht euch darüber aus, welche Erwartungen und Vorstellungen ihr von euch selbst und anderen habt. Bietet euch gegenseitig einen Raum, in dem ihr sicher und liebevoll Selbstreflexion üben könnt.

Achte bei den Medien, die du konsumierst bewusst auf Geschlecht. Mache dir bewusst, dass du nicht so sein musst, wie die Menschen auf dem Bildschirm.

Frage dich hin und wieder, welchen Einfluss es hätte, wenn du ein anderes Geschlecht hättest, und ob du deswegen deine eigenen Entscheidungen kritisch betrachten möchtest. Würdest du beispielsweise noch so viel Energie in Schönheitsarbeit stecken? Würdest du mehr über Gefühle reden? Welchen Einfluss haben solche Entscheidungen auf dein Leben? Was würde sich langfristig in deinem Leben verändern, wenn du eine andere Entscheidung triffst?

All diese Sachen, die ich bisher zu Männlichkeit und Weiblichkeit geschrieben habe, hängen eng mit dem sozialen Konstrukt von Geschlecht zusammen.

Es ist wichtig festzustellen, dass dieses Konstrukt nicht im luftleeren Raum existiert: Wir verinnerlichen das, wir fragen uns, ob wir »normal« sind, wir beziehen unsere Vorstellungen von Männlichkeit und Weiblichkeit darauf, manchmal sogar, ohne es zu bemerken.

Ich wiederhole mich, aber hier nochmal.
Alles, was du tun musst, um ein Mann/eine Frau zu sein:
Dich als Mann/Frau identifizieren.
Die Doppelstandards, die Rollenbilder, die Klischees - du musst das alles nicht erfüllen. Was Männlichkeit/Weiblichkeit für dich bedeutet, kannst nur du selbst herausfinden. Es gibt kein richtig und falsch.

Hier sind ein paar Menschen, die mir erzählt haben, was es für sie bedeutet, eine Frau/ein Mann zu sein:

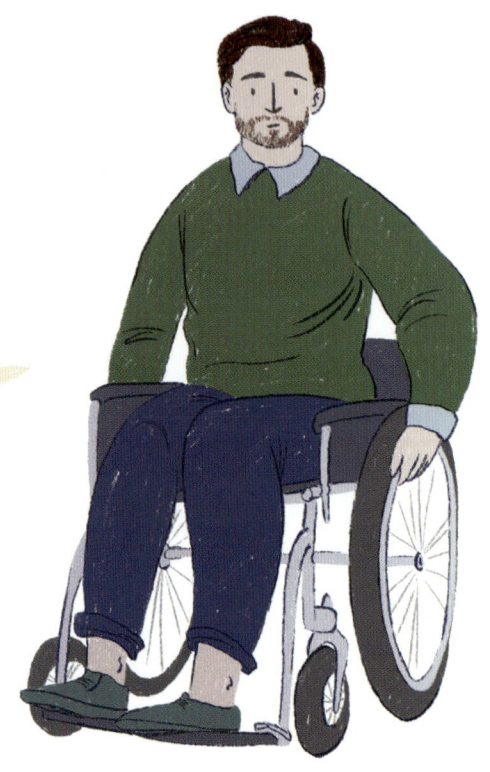

Als Junge sagt dir kein Mensch, dass es falsch ist, andere schlecht zu behandeln. Wenn ich andere Kinder zum Weinen gebracht habe, wurde mir gesagt, ich solle mich draußen austoben. Ich verbinde Männlichkeit damit, keine Rücksicht auf Emotionen nehmen zu müssen — weder auf die von anderen noch auf meine eigenen. So möchte ich mich eigentlich nicht selbst sehen.
Männlich gelesen zu werden, lässt zu wenig Platz für Verletzlichkeit. »Mann genug« sein, bedeutet mächtig und stark zu sein. Und es bringt dir niemand bei, wie es anders gehen könnte, niemand sagt dir, was Männlichkeit eigentlich ist.

Es gibt einen besonderen Druck weiblich zu sein für Schwarze Frauen. Historisch und kontinuierlich bis heute werden wir als »nicht Frau genug« gesehen, wir wurden zu Werkzeugen von weißer Macht und in den Augen von Weißen sind wir nie echte Menschen. Wir müssen eine überhöhte Weiblichkeit darstellen, um überhaupt als Frau gesehen zu werden. Lange, glatte, schwarze Haare, keine sichtbaren Muskeln, klein, dünn, gezupfte Augenbrauen und so weiter. Je heller die Haut desto besser. So viele meiner Schwarzen Schwestern haben sich früher die Haut gebleicht oder die Haare chemisch geglättet. Ich bin einfach nur erschöpft. Meine Weiblichkeit gehört nicht mir, nicht wirklich, Weiße haben zu viel Macht darüber.

Ich würde das Darstellen von Weiblichkeit gerne als Empowerment bezeichnen. Ich fühle mich stark und selbstbewusst, wenn ich Highheels und roten Lippenstift trage. Dennoch frage ich mich manchmal, ob ich mir das nur selbst einrede, weil ich weiß, dass ich keine andere Wahl habe. Wenn ich ungeschminkt ins Büro gehe, werden mich meine Kollegen fragen, ob ich müde oder krank bin. Wenn ich mit unrasierten Beinen in einem Meeting erscheine, wird mich niemand ernst nehmen. Vielleicht bedeutet Weiblichkeit für mich Alternativlosigkeit.

Ich vermisse männliche Rollenvorbilder. Ich vermisse gute Vater-Figuren. Seit ich selbst Vater bin, denke ich viel kritischer über meine Männlichkeit nach. Was bringe ich da meinem Sohn bei? Mann zu sein bedeutet für mich, guter Vater und Partner zu sein. Das schließt ein, dass ich meine Familie versorgen möchte, auch finanziell. Ich sehe da nichts Schlechtes dran. Mich stört allerdings, dass ich deswegen weniger Zeit mit meinem Kind habe. Ich verpasse sehr viel. Wenn ich zuhause bin versuche ich wirklich präsent zu sein. Das funktioniert mal besser und mal weniger gut. Meine Partnerin arbeitet nur noch Teilzeit. Es ist einfach über Gleichberechtigung zu reden. Früher haben wir ähnlich viel im Haushalt gemacht. Jetzt müssen wir pragmatisch sein: Ich verdiene mehr, also arbeite ich weiter. Sie kümmert sich um Erziehung und Haushalt. Wir finden diese traditionelle Rollenaufteilung nicht besser oder schlechter als andere. Sie hat für uns eben Sinn ergeben. Ich glaube, bevor wir überhaupt anfangen können, Männlichkeit neu zu definieren, müssen wir erst Zeit dafür schaffen. Auch Zeit um Vater zu sein beispielsweise.

Ich bin in einem Viertel aufgewachsen, dass einige vielleicht als »Ghetto« bezeichnen würden. Männlich zu sein hat immer bedeutet, dass es um Stärke ging. Wer hat sich getraut, beim Kiosk um die Ecke zu klauen? Dumme Mutproben und Prügeleien unter Jungs. Für mich war das immer schwer, weil ich schon immer eher sensibel und emotional war. Männlichkeit war auch viel mit Schweigen verbunden. Emotionale Stille. Es wurde nie ausgesprochen, aber alle Jungs wussten, worüber sie nicht reden dürfen. Wir dürfen keine Schwäche zeigen, keine Traurigkeit, keine Angst. Diese Emotionen machen dich weniger männlich. Ich schäme mich für so viele meiner Gefühle. Und ich glaube, das kommt von den Ideen von Männlichkeit, mit denen ich groß geworden bin. Ich versuche das zu verlernen, doch es ist nicht leicht.

Weiblichkeit ist etwas künstliches. Weiblichkeit wird von Frauen erwartet, weil es uns als anders, als weniger, als schlechter dastehen lässt als Männer. Ich verweigere mich der Weiblichkeit. Denn es macht mich nur zu einem Produkt von männlichem Konsum. Weiblichkeit ist eine männliche Fantasie, die nur der männlichen Lust und dem männlichen Machterhalt dient. Ich weigere mich, mein Gesicht anzumalen oder meine Beine zu rasieren. Männer sehen mich als wütende Kampflesbe. Ich bin hetero. Aber ich sehe meinen Körper als mein Instrument des Widerstands. Männer wissen das, deswegen nutzen sie den Staat und Gesetze, um unsere Körper zu regulieren. Um uns Selbstbestimmung abzusprechen. Wir müssen uns die Macht, Weiblichkeit selbst zu definieren, erst noch erobern.

Als Mann wird dir gesagt, dass du immer und jederzeit geil sein solltest. Sex mit vielen Frauen ist ein Muss. Aber Gespräche über Sexualität und Gefühle gibt es keine, ganz besonders nicht in der Pubertät. Von den Jungs in meiner Klasse habe ich gelernt, dass ich als echter Junge nicht über so Gefühlsscheiß reden soll, das habe ich bis heute nicht ablegen können. Mit meiner Freundin hatte ich am Anfang unserer Beziehung oft Streit. Es gab so viele Dinge, über die ich nie nachgedacht hatte. Zum Beispiel war Vorhütung für mich ein Thema, mit dem ich nichts zu tun hatte – soll sie doch einfach die Pille nehmen. Dass es für sie genauso um Lust gehen kann, habe ich nicht verstanden, für mich war der Sex vorbei, wenn ich gekommen bin. Ich lerne noch, wie es geht als Mann über Sex zu reden, ohne dabei den Macker geben zu müssen.

Meine Männlichkeit bemerke ich selten. Manchmal bin ich mit Freunden in einer Bar und merke, dass es nur Kerle sind. Das ist aber nicht wichtig. Ich denke nicht, dass ich deswegen etwas verpasse oder mir etwas fehlt. Ich habe ja auch Freundinnen. Wir reden halt über andere Sachen, ist doch auch okay. Vielleicht ist das ein Privileg oder so, dass ich nicht über Männlichkeit nachdenken muss. Ich bin es halt einfach. Du bist eben, wer du bist.

Schon als ich klein war, war ich ein sehr mädchenhaftes Mädchen. Alles musste pink sein und glitzern, ich habe nur mit Barbies gespielt. Dann wurde Feminismus ein Trend. Ich habe gelernt, dass ich selbstbewusst und hart sein muss, um ernst genommen zu werden. Die neuen weiblichen Rollenvorbilder sind stark und weinen nicht mehr; alles was zu mädchenhaft ist, ist zu verurteilen. Ich wollte stark, selbstbewusst und unabhängig sein. Aber ich wollte auch mädchenhaften Kram mögen. Weiblichkeit wurde schon immer als Zeichen von Schwäche gesehen. Das ist auch heute noch so. Ich finde es gut, dass Feministinnen das thematisieren. Für mich bedeutet Weiblichkeit, dass ich zu dem Mädchenkram stehen kann und gleichzeitig einfordere, ernst genommen zu werden.

Wie erlebst du binäre Geschlechter?

Androgyn

Androgyn bedeutet, Eigenschaften zu verkörpern oder eine Identität innezuhaben, die männlich und weiblich ist - oder weder männlich noch weiblich - oder zwischen männlich und weiblich.
Das Wort hat zuerst »beides« gemeint, später dann »weder noch«. Beide Bedeutungen sind noch heute aktuell und legitim.

Das Konzept kann sich auf Geschlechtsidentität beziehen. Aber genauso auf den Geschlechtsausdruck von Menschen mit anderen Geschlechtsidentitäten.

Das Ziel von androgynen Menschen ist nicht, cis Personen zu verwirren, zu provozieren oder aufzufallen. Für Einzelne vielleicht schon und auch das ist dann okay. Aber die meisten androgynen Menschen wollen einfach nur glücklich sein und sich wohl fühlen. Wenn ich mir eine Sache von cis Personen wünschen dürfte, dann das: Hört auf nach Erklärungen für unser Sein zu suchen, die doch wieder nur euch in den Fokus rücken.

Ich werde weiblich gelesen und habe Angst, dass ich nur noch als Lesbe wahrgenommen werde, wenn ich meine Geschlechtsidentität beginne nach außen zu tragen. Ich möchte nicht, dass sich jemand über mich lustig macht oder mich nicht ernst nimmt. Aber obwohl ich mein Geschlecht nicht zeige, weiß ich, dass ich androgyn bin.

Es wäre schön, wenn mehr hetero Männer sich trauen würden, ihre androgynen und femininen Seiten zu entdecken. Es ist schwer androgyn und männlich und schwul zu sein — denn das was zählt, ist immer nur schwul. Wir werden so oft beschimpft. Wir sind nicht mal ein Paar, aber sobald wir gemeinsam unterwegs sind, gehen alle Menschen davon aus. Geschlecht braucht mehr Freiräume. Geschlecht muss mehr Spiel sein. Und so lange cis Männer nicht mitspielen, werden wir weiter Diskriminierung erleben.

Ich wünschte, mein Körper wäre komplett androgyn und würde zeigen, wie ich mich fühle. Ich wünschte, es wäre für andere unmöglich, mich als Mann oder Frau einzuordnen und niemand könnte irgendwelche Annahmen über meine Geschlechtsidentität machen. Ich hasse meine Kurven. Meine großen Brüste, meinen Hintern, mich stört das. Ich habe lange gebraucht, um zu erkennen, dass ich kein trans* Mann bin. Für mich war es wichtig Geschlechtsidentitäten außerhalb des Binären kennenzulernen – ich fühle mich hier gesehen und gehört. Ich fühle mich fern des Binären ernst genommen.

Aporagender

Der Begriff beschreibt eine spezifische Identität und ist gleichzeitig
ein Sammelbegriff. Unter dem Begriff
versammeln sich Menschen, die eine
nicht-binäre Identität haben, ganz
abseits von Mann und Frau und allem
dazwischen - und gleichzeitig ein sehr
starkes empfinden ihrer eigenen und
spezifischen Identität.

Für mich heißt aporagender aus dem
Geschlechter-Spektrum herauszu-
fallen und trotzdem ein Geschlecht
zu haben. Ich finde das schwierig zu
beschreiben, denn wir haben in dem
binären System nicht genug Worte
für solche Erfahrungen und Gefühle.
Aporagender ist alles, was sich
nicht männlich, weiblich oder agender
anfühlt. Das ist etwas *Eigenes*,
ich fühle mein Geschlecht.

Ich bin aporagender. Das Label ist mir wichtig. Ich habe lange gebraucht, um zu verstehen, wer ich bin. Viele machen sich lustig über Labels und unbekannte Identitäten. Für mich war es heilsam, mein Label zu finden. Ich habe mich verloren und verwirrt gefühlt. Ich konnte keinen Zugang zu anderen Menschen finden, weil ich keinen Zugang zu mir selbst hatte. Als ich meine Label gefunden habe, hat sich ein Glück und eine Zufriedenheit eingestellt, die ich vorher nicht kannte. Endlich hatte ich eine Community, eine Gruppe von Menschen, die versteht, wie ich mich fühle und wer ich bin.

Als ich mich geoutet habe, haben viele Menschen gesagt: »Kann ich dich nicht einfach nur als dich sehen? Du bist der gleiche Mensch, ist das überhaupt wichtig?« Ich weiß, dass es nett gemeint war. Aber mit dieser Aussage haben diese Personen all diese Gefühle von Isolation bestätigt, all meine Zufriedenheit über das Finden meiner Identität erstickt. Coming Out ist schwierig. Ich habe lange darüber nachgedacht: Bin ich mir wirklich sicher, ist es nur eine Phase, will ich das mit anderen teilen? Jedes Mal, wenn jemand gesagt hat, dass er nicht an Label glaubt oder diese nicht wichtig findet, war das hart für mich. Ich weiß, dass es schwierig ist, Geschlechter zu verstehen, die nicht die eigenen sind. Ich verstehe Frauen nicht, ich verstehe Männer nicht. Aber trotzdem kann ich annehmen, dass es Frauen und Männer gibt. Warum ist das mit aporagender so kompliziert?

Maverique

Ungefähr zur gleichen Zeit wie aporagender ist auch der Begriff Maverique entstanden. Maverique ist eine Identität, die für sich existiert, außerhalb und unabhängig des binären Systems.

Aporagender und Maverique sind in der Bedeutung sehr ähnlich – wobei aporagender als Sammelbegriff für nicht-binäre Identitäten verwendet werden kann und Maverique eher nicht. Außerdem haben beide Begriffe eine eigene Community, sie sind also nicht einfach austauschbar. Für manche Menschen geht es auch einfach nur um eine persönliche Vorliebe in der Wahl zwischen beiden Begriffen. Andere verwenden sowohl aporagender als auch Maverique, um ihre Identität zu beschreiben.

Wäre Männlichkeit die Farbe Blau und Weiblichkeit Rot, dann wäre Maverique Gelb. Eine eigene Farbe, die sich auch nicht aus den anderen beiden mischen lässt – aber trotzdem eine Farbe mit eigenen Tönen und Variationen.

Ich glaube, dass wir als queere Community aufhören müssen, unsere Identitäten so eng mit gender und sexueller Orientierung zu verknüpfen. Ich halte das Festlegen auf ein Label und das Beschreiben dieses Labels im Abgleich zum Binären für ein cis-heteronormatives Konzept. Ein Geschlecht zu bestimmen und sich dann in eine zugehörige Schublade zu zwängen – Warum tun wir uns das an? Ich identifiziere mich als Maverique. Keine andere Person, die Maverique ist, hat das genau gleiche oder auch nur ähnliche Geschlecht wie ich. Und das ist gut so.

Für mich hat Maverique eine politische Dimension: Ich stehe in offener Rebellion gegen binäre Geschlechter. Ich lehne mich aktiv gegen autoritäre Zuschreibungen von Geschlecht auf. Mein Geschlecht ist von meiner Autonomie bestimmt.

Inter*gender

Eine inter*gender Person identifiziert sich als zwischen Mann und Frau oder als Mischung der beiden binären Geschlechter. Einige Menschen sagen, dass inter*gender ein Begriff ist, den nur inter* Personen verwenden sollten, weil inter*gender die Erfahrungen von inter*geschlechtlichen Menschen beschreibt. Inter* Personen können sich stattdessen oder gleichzeitig auch mit jedem anderen Geschlecht identifizieren.

Meine Identität und Geschichte als inter*gender und inter*geschlechtliche Person wurde so oft ignoriert oder verschwiegen. Ich kämpfe konstant dafür, gesehen zu werden – für die Person, die ich bin: Ein Mensch zwischen männlich und weiblich. Ich verstehe, dass auch andere Leute das Gefühl haben können, eine Mischung von den Geschlechtern zu sein, aber inter*gender ist mehr als ein Gefühl, inter*gender spiegelt sich in unseren Körpern wieder.

Vielen Menschen wird ihre Geschlechtsidentität abgesprochen, weil sie nicht die »passenden« oder »richtigen« Genitalien dafür haben. Deswegen habe ich so meine Probleme damit, dass intergender sich auf den biologischen Aspekt von Intergeschlechtlichkeit bezieht – Geschlechtsidentitäten können und dürfen unabhängig von Körper existieren. Trotzdem ist es ziemlich cool, dass wir uns auch als intergender labeln können und damit eine bewusste Entscheidung für unsere Intergeschlechtlichkeit und gegen die Einsortierung in das binäre System treffen.

Es gibt Wörter, die nur mir gehören. Ich kann mich selbst N*gger nennen und ich kann mich selbst Hermaphrodit nennen. Aber als *weiße* Person, als endo Person solltest du es nicht wagen, diese Wörter in den Mund zu nehmen. Sie gehören dir nicht. Du kannst sie nicht sagen, ohne Jahre von Unterdrückung und Gewalt und Hass auszudrücken. Verwendet eine *weiße* endo Person diese Wörter verletzt mich das. Das holt ein Trauma wieder hervor. Und es interessiert mich nicht, was du dann davon hältst, das ist kein Sprechverbot, das ist Anstand. Nenn es politische Korrektheit, wenn du willst. Ich nenne es den guten Ton.

Wenn endo Personen über mein Geschlecht reden wollen – wobei ich da immer die Frage stellen würde, ob es wirklich sein muss – können sie das Wort inter*gender verwenden. Ich nehme niemandem etwas weg, indem ich bestimmte Wörter für mich beanspruche. Du wirst nicht sprachlos dadurch, du hast noch genug Alternativen. Verwende sie.

Bigender

Eine Person, die zwei Geschlechter erlebt, ist bigender.
Diese Geschlechter können »Mann« und »Frau« sein, oder auch zwei Geschlechter außerhalb des binären Systems.

Einige bigender Personen erleben ihre zwei Geschlechter gleichzeitig, andere eher abwechselnd. Die beiden Geschlechter sind für viele dabei nicht 50/50 aufgeteilt, sondern können auch unterschiedlich stark erlebt werden.

Obwohl Bigender und Bisexualität häufig miteinander verglichen werden und ähnlich klingen: Geschlecht und sexuelle Orientierung haben nicht zwangsläufig etwas miteinander zu tun. Solche Vergleiche können helfen, Dinge zu verstehen. Dabei sollten wir uns aber auch immer wieder bewusst machen: Nur weil es ähnlich klingt, ist es nicht gleich.

Immer, wenn sich jemand nichts unter dem Wort bigender vorstellen kann, frage ich, ob die Person Bisexualität versteht. Die meisten sagen dann ja und ich vergleiche bigender mit: Ich bin bisexuell in meiner Geschlechtsidentität. Das heißt nicht, dass ich halb Frau und halb Mann bin. Sondern mal Frau, mal Mann, manchmal mehr, manchmal weniger.

So viele Leute fragen mich »Aber wie weißt du, dass du maverique UND Frau bist?« Ich finde das so eine seltsame Frage. Woher wisst ihr denn, welches Geschlecht ihr habt? Eben. Ihr wisst das einfach. Aber so lange jemand cis ist, wird nicht hinterfragt: Woher weißt du, dass du Mann bist? Bist du dir da auch wirklich ganz sicher? Kannst du das beschreiben? Ich glaube nicht, dass ich mein Geschlecht irgendwem beweisen muss. Ich erfahre Weiblichkeit, ich löse mich nicht vom Frau-Sein. Und gleichzeitig weiß ich, dass da mehr ist. Warum stören sich so viele cis-Personen daran, dass ich zwei Geschlechter gleichzeitig habe? Ich muss mich nicht entscheiden, denn ich weiß, wer ich bin. Und das reicht mir.

Ich kann für Monate ein Junge sein und dann drei Tage agender. Ich kann für ein paar Tage ein Junge sein und dann wochenlang agender. Das muss niemand außer mir selbst verstehen, das müssen andere nur respektieren und ihre Meinungen für sich behalten. Vor allem, wenn sie nicht glauben, dass bigender eine echte Geschlechtsidentität ist.

Two Spirit

Das Label Two Spirit wird erst seit den 90ern aktiv genutzt – das Konzept hinter dem Begriff wurde von indigenen Menschen in Nordamerika (»Native Americans«) aber schon lange gelebt. Das genaue Verständnis von Two Spirit ist dabei spezifisch für jede Gemeinschaft. Der Begriff wurde von indigenen Personen gemeinsam abgestimmt und wurde eingeführt, um eine gemeinsame Sprache zu entwickeln sowie Nicht-Indigenen etwas über die Kultur beibringen zu können.

Ich als *weiße* Person habe keine Deutungsmacht über diesen Begriff und möchte an dieser Stelle betonen, dass ich hier aufschreibe, was ich selbst gelesen, gelernt und gehört habe – es geht hier nicht darum, dass ich eine einzige Wahrheit festschreiben möchte oder mir sicher wäre, alles verstanden zu haben. Gender und race sind zwei Kategorien, die miteinander verknüpft sind und es ist wichtig, dass wir uns daran immer wieder erinnern.

1990 Das dritte jährliche Treffen der schwulen und lesbischen Native Americans fand 1990 statt. Dort wurde der Begriff vorgestellt und abgestimmt. Er sollte ein Sammelbegriff für all die verschiedenen Geschlechtsidentitäten innerhalb der indigenen Communitys werden. Heute sagt die »Two Spirit Society of Denver«: »Two Spirit beschreibt ein Geschlecht, von dem wir glauben, dass es üblich unter den meisten, wenn nicht allen, ersten Menschen von Nordamerika ist – ein Geschlecht, das einen akzeptieren Platz in unseren Gesellschaften hatte.«

Two Spirit kommt mit vielen verschiedenen Ausprägungen daher. In Lakota gibt es das Wort »wínjkte«, das grob mit »als Frau Sein« übersetzt werden kann, und das Überschreiten von Geschlechtergrenzen beschreibt.

In Diné gibt es »nádleehi«, was so viel bedeutet wie »die, welche transformieren« und beschreibt die Existenz vier verschiedener Geschlechter: Maskulin Feminin, Maskulin Maskulin, Feminin Maskulin, Feminin Feminin.

Das sind nur zwei Beispiele, aber es gibt noch viele mehr.

Jede indigene Community hat ihr eigenes Bild von Sexualität und Geschlecht, häufig ist dieses eng verknüpft mit Spiritualität und Glaubensgrundsätzen. In den meisten Communitys wurde Two Spirit Personen eine hohe Stellung zugeschrieben - sie übernahmen wichtige Aufgaben, beispielsweise in der Medizin, bei der Beratung von Paaren oder auch an der Frontlinie von Kriegen. Two Spirit kann dabei sexuelle, geschlechtliche und spirituelle Ebenen von Indentität beinhalten. Der Begriff ist eine sehr weit gefasste Beschreibung von Menschen, die einen maskulinen und femininen Geist besitzen.

Two Spirit als Begriff wurde notwendig, weil viele Worte, die zuvor Two Spirit Personen beschrieben haben, von europäischen Kolonialisierenden eingeführt und festgelegt wurden. Diese Wörter waren meistens abwertend gemeint oder eine negative Beschreibung. Bei dem Begriff Two Spirit ging es also auch darum, Deutungshoheit zurückzugewinnen und selbstbestimmt Bezeichnungen festzulegen, auch über sprachliche Barrieren hinweg.
Europäische Kolonialisierende brachten Homofeindlichkeit und strenge Geschlechterrollen mit - diese wurden gewaltvoll und mit Zwang auch in indigenen Communitys eingeführt. Alles unter dem Vorwand der »Zivilisierung«.

Native Americans wurden nicht nur ihres Landes beraubt, sondern auch ihrer spirituellen Praktiken und gesellschaftlichen Traditionen. In vielen US-Staaten wurden Two Spirit Gemeinschaften und Ausdrücke verboten, verfolgt und bestraft.
Das Wort Two Spirit ist mit der Geschichte der Kolonialisierung verknüpft und steht symbolisch für das Überleben von Gewalt und Vorurteilen. Es ist also ein Begriff, mit dem sich nicht-indigene Menschen nicht identifizieren sollten.

Two Spirit ist ein Begriff, der sich nicht in der Sprache der Kolonialisierer fassen lässt. Die Bedeutung ist individuell und abhängig von unserem Stamm, unseren Ältesten. Der Begriff ist eine Art leeres Blatt, das wir kreiert haben, um unzähligen Erfahrungen Platz zu geben. Jede einzelne Interpretation und Auffassung von Two Spirit ist wichtig und keine davon ist besser als eine andere. Wir negieren uns nicht gegenseitig.

Gender Nonconforming / Gender Diverse / Gender Variant / Gender Expansive

Das sind alles Sammelbegriffe, die Menschen nutzen, um zu beschreiben, dass sie sich außerhalb von gesellschaftlichen Normen positionieren.
Gender Variant ist dabei eher unbeliebt, weil es cisgender als Norm etabliert, von der dann eben variiert wird.

Diese Wörter können als Identität verwendet werden, werden aber häufiger benutzt, um den Geschlechtsausdruck zu beschreiben. Zum Beispiel kann eine cis Frau, die sich als Tomboy präsentiert, als gender nonconforming beschrieben werden. Genauso kann aber eine genderqueere Person sich zugleich als gender diverse identifizieren. Diese Entscheidungen sind persönlich und unterliegen keinen festen Regeln.

Gender Nonconforming, kurz GNC, bezieht sich auf Ausdrücke. Es ist mir wichtig, das von non-binary abzugrenzen. Non-binary ist, wer ich bin, das ist meine Identität. GNC ist, wie ich mich ausdrücke. Nicht alle queeren Menschen sind automatisch auch GNC. Non-binary Personen können genauso maskulin, feminin oder androgyn sein. Ich bin nicht non-binary, nur weil ich bestimmte Entscheidungen bezüglich meines Äußeren treffe. GNC Männer und Frauen sind immer noch Männer und Frauen.

Wie ich mein Geschlecht darstelle hat sich nicht verändert, seit ich aufgehört habe, mich als transmaskulin zu labeln und stattdessen als Gender Nonconforming Frau positioniere. Was sich verändert hat: Dass ich mich stark fühle, statt voller Scham und Verwirrung. Es war wichtig für mich, das Label transmaskulin auszuprobieren, um herauszufinden, wer ich nicht bin. Ich war mein ganzes Leben angespannt und ängstlich – davor wie andere mich wahrnehmen, ob ich »trans* genug« bin, ob ich zu sehr aussehe wie eine Frau. Ich bin auf Zehenspitzen durch mein Leben gegangen. Mich jetzt als GNC Frau zu identifizieren hat sich nach einer Befreiung angefühlt. Ich habe Macht über meinen Körper zurückgewonnen. Das Label transmaskulin war wichtig, um mich selbst zu retten und mir zu erlauben, die Grenzen von Geschlecht zu überdenken. Die Label GNC Frau und Butch helfen mir, mein Gender für mich zu definieren, wie immer ich das will.

Manchmal habe ich das Gefühl, dass meine Identität sich am besten mit den Reaktionen von anderen beschreiben lässt: »Junge oder Mädchen? Du kannst nicht beides haben. Such dir eins aus oder wir suchen für dich aus. Vergiss nicht, das jetzt auch zu zeigen. Zieh dich ordentlich an. Jungs tragen keine Röcke. Schneid deine Haare ab oder du siehst aus wie ein Mädchen. Zieh das an, zieh das nicht an, das ist nur für Mädchen. Warum bist du in der Küche, deine Schwester macht das schon. Nimm das Zeug aus deinem Gesicht, du solltest das besser wissen. Hör auf zu heulen. Warum interessiert dich das? Versuchst du wieder Mädchen zu sein? Wieso ziehst du dich ständig so an? Ändere deine Frisur, deine Kleidung, deine Hobbys, deine Persönlichkeit. Du bist doch nicht schwul. Ich verstehe dich nicht. Warum regst du dich jetzt so auf? Kannst du nicht einfach du selbst sein? Warte. Nicht so.«

Gender-Confusion / Genderfuck / Genderpunk

Diese Begriffe verwenden manche Menschen, die absichtlich und gerne Verwirrung bezüglich ihres eigenen Geschlechts stiften. Vielleicht weil sie ein Statement über Geschlechternormen und -rollen machen wollen. Andere, weil sie eine Diskussion über Geschlecht starten möchten. Und wieder andere fühlen sich einfach wohl damit, ihr Geschlecht mehrdeutig auszudrücken und als verwirrend und komplex zu verstehen.

Ich gehe nicht mit dem Geschlecht mit, das mir zugeschrieben wurde. Mein Selbstbewusstsein ziehe ich daraus, dass mein Geschlecht, mein Ausdruck, meine Identität meins ist und individuell ist. Ich habe mich nie als trans identifiziert, weil ich weder Dysphorie erlebe, noch einen Wunsch nach einer Transition habe. Genderpunk ist ein gutes Wort für mich, weil es eines ist, mit dem ich keine queeren Räume einnehme, die mir nicht zustehen. Ich bin nicht queer, ich bin hetero cis-Frau. Gerade das Label Frau werde ich aus politischen Gründen nicht ablegen. Aber ich ergänze es: cis-genderpunk-Frau.

Ganz ehrlich, sollen die Leute sich halt aufregen über »die Jugend von heute« und sagen, dass wir alle nur einen Geltungsdrang haben und was Besonderes sein wollen. Wenn sie sich nicht über uns »trans-Trender« aufregen, dann über was anderes. Jugendliche werden nie ernst genommen. Ich habe kein Problem damit, wenn sich alte, konservative Männer an mir stören. Ich nehme die genauso wenig ernst wie die mich.

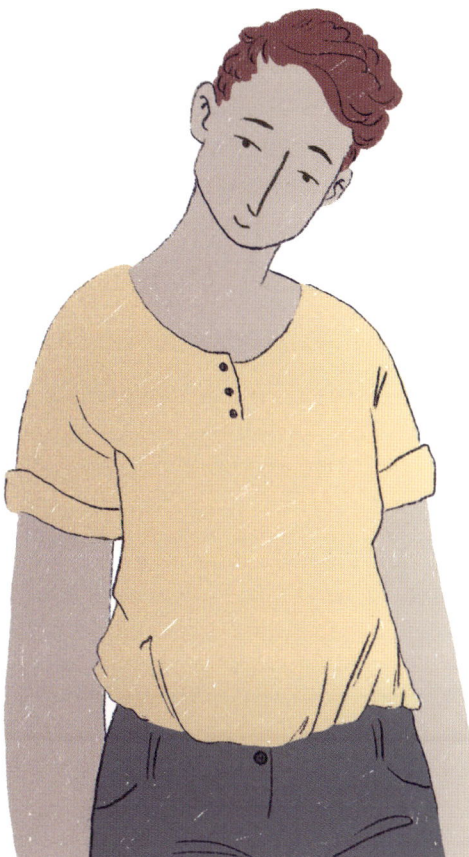

Ich mag es, wenn Menschen auf der Straße stehen bleiben und mich anstarren. Ich weiß genau, warum sie das tun. Hin und wieder kommen Leute zu mir und fragen mich, ob ich ein Mädchen oder ein Junge bin. Manchmal ist mir das zu viel, klar, aber grundsätzlich finde ich das gut. Ich will Diskussionen auslösen, ich will provozieren, ich will die Grenzen von Geschlecht mit meinem Auftreten und Sein verbiegen.

Du kannst nicht für jemanden entscheiden, ob deren Identität echt ist. Wir werden weiter existieren, egal was du davon hältst. Wenn du nicht alle queeren Menschen unterstützt, unterstützt du niemanden von uns. Die Akzeptanz von trans* Personen kann nicht an deine persönlichen Bedingungen und Passing geknüpft sein.

Non-binary / Nicht-binärgeschlechtlich

Die Begriffe beschreiben sowohl eine spezifische Identität als auch einen Sammelbegriff für Geschlechtsidentitäten außerhalb des binären Systems. Einige non-binary Personen kürzen ihre Identität mit dem Begriff Enby ab.

Eine nicht-binäre Person kann beispielsweise weder Mann noch Frau sein, mehrere Geschlechter gleichzeitig haben oder zwischen Geschlechtern wechseln. Oder eine ganz andere Identität haben. Die Vorstellung von nicht-binären Geschlechtern gab es historisch betrachtet schon lange, was sich aktuell ändert, ist nur die Sprache dafür und die wachsende Community.

Sich als non-binary oder genderqueere Person in dieser Welt zu bewegen, ist konstant herausfordernd: Auf welche Toilette geht man da? Wie geht man mit der Sicherheitskontrolle am Flughafen um? Wie findet man Therapeut*innen oder Ärzt*innen, die diese Identität ernst nehmen und respektieren und bei denen man sich sicher fühlt?

Viele non-binary und genderqueere Menschen spüren einen Leidensdruck durch das Leben in einem binären System. Das führt zu erhöhten Problemen mit psychischen Erkrankungen und suizidalen Gedanken und einem häufigen, anstrengenden Infrage stellen der eigenen Identität.

Meine Community ist in der Gesellschaft meistens unsichtbar oder ignoriert. Die meisten Leute wissen nicht, dass es Menschen gibt, die das nicht wollen und ordnen uns deswegen einfach als Mädchen und Jungen ein. Ich finde es anstrengend, immer wieder falsch gegendert zu werden. Ich fühle mich oft unsichtbar und unverstanden. Ich wünschte, das wäre anders.

Die Stereotype, Vorurteile und Klischees, die cis-Personen von uns haben, sind unwichtig. Sie reflektieren nicht die Wirklichkeit. Niemand von uns muss diese Bilder nachahmen, um eine »echte« non-binary Person zu sein. Ich glaube, viele non-binary Personen haben ein sehr kompliziertes Verhältnis zu ihrem eigenen Geschlecht. Wir sind schon genug mit uns selbst beschäftigt – und dann fangen binäre Personen an, uns reinzureden und zu erzählen, wie nicht-binäre Geschlechter auszudrücken sind oder sich anfühlen sollen.

Jede nicht-binäre Person ist anders und ich wünsche mir mehr Diversität in unserer Repräsentation. Ich sehe einige non-binary Personen, die sich von Geschlecht grundsätzlich distanzieren. Weniger die, die mehrere Geschlechter haben oder sich weiterhin zusätzlich mit dem Geschlecht identifizieren, das ihnen zugeschrieben wurde. Für mich steht es in keinem Widerspruch zueinander non-binary und Mann zu sein. Meine Erfahrungen von Männlichkeit überlappen sich mit meiner Identität als non-binary. Ich präsentiere mich weiterhin männlich, ich werde männlich gelesen und das ist ein großer Teil meiner männlichen Identität. Dennoch begreife ich mein Geschlecht als mehr. Mehr als das. Mann ist meine Erfahrung, non-binary meine Identität.

Wenn cis Personen mich fragen, wie es ist, non-binary zu sein, vergleiche ich das damit, meine nicht-dominante Hand zu verwenden. Ich bin Rechtshänder*in, wenn ich einen Stift in meine linke Hand nehme fühlt sich das unbequem und unnatürlich an. Ich schreibe damit nicht gut. So ähnlich ist es, wenn ich gegendert werde: Unnatürlich, unbequem, das passt nicht richtig. Wenn ich als non-binary gesehen und akzeptiert werde, ist es wie mit rechts schreiben: Einfach, gut, ich muss da nicht drüber nachdenken.

139

Genderqueer

Genderqueer beschreibt die Erfahrung, dass das Geschlecht von jemandem außerhalb des binären Systems existiert oder darüber hinaus geht.
Genderqueer wird als Beschreibung einer spezifischen, eigenen Identität verwendet, aber genauso als Sammelbegriff für gender non-conforming Identitäten. Von einigen Menschen wird genderqueer als Sammelbegriff für alle nicht-binären Identitäten verstanden.

Die 1990er & der queere Aktivismus: Menschen, die politisch aktiv waren und deren sexuelle Orientierung von hetero abwich, wurden als »orientation queer« beschrieben. Aktivist*innen, die trans* oder inter* waren, wurden als »gender queer« benannt. Der Begriff genderqueer hat sich dann nach und nach ausgeweitet und immer mehr Menschen eingeschlossen, welche die Regeln von Geschlecht gebrochen haben. Queer als Begriff lässt sich auch als »von der Norm abweichend« übersetzen. Und obwohl es früher als Schimpfwort genutzt wurde, fühlen sich heute viele Menschen mit dem Begriff sehr wohl.

Meine Weiblichkeit ist queer. Ich drücke mich femme aus, ich bin lesbisch, vieles an mir sagt laut: Frau. Und dennoch stimmt das nicht ganz. Aber meine Queerness muss ich weder erklären noch ausdrücken.
Meine Queerness ist in mir, Teil von mir, ist ich. Ich bin genderqueere Frau. Glaub das oder nicht – dein Verständnis von meinem Geschlecht ändert nichts an dessen Existenz.

Bevor und während meiner Transition war ich mir so sicher, ein Mann zu sein. Der Zugang zu einer Transition hat mir die Freiheit gegeben, jetzt auch neue, queere und nicht-binäre Seiten von meinem Geschlecht zu entdecken. Bin ich wirklich ein Mann? Wer weiß. Ich bin keine Frau, immerhin das ist sicher. Jetzt, da ich an diesem Punkt in meiner Transition bin, dass ich als männlich gelesen werde, fühle ich nicht mehr den Druck, in das binäre System zu passen. Ich muss mich nicht länger in eine Schublade stecken, um Ärzte und Gutachter zu überzeugen. Ich denke, hier fängt die echte Freiheit an.

Ich hasse es, wenn andere Leute genderqueer nicht ernst nehmen als Identität. Ja, es ist ein Überbegriff, ja, es ist eine Beschreibung— aber es ist auch meine Identität. Ich habe als genderqueere Person Dysphorie und ich finde es als genderqueere Person unangenehm, wenn mein dead name oder falsche Pronomen verwendet werden. Als ich mich geoutet habe, meinten alle meine Freund*innen sie seien da für mich und würden mich unterstützen und so weiter. Aber sie verwenden bis heute nicht meinen neuen Namen. »Du bist ja nicht trans*, also ist das nicht so schlimm« – Für mich ist es schlimm, ernst und wichtig. Ich bin nicht binär-trans*, das weiß ich. Aber ich möchte trotzdem ernstgenommen werden.

Genderfluid

Menschen, die genderfluid sind, haben ein Geschlecht, dass sich ändert. Die Geschlechtsidentität kann entweder zwischen Geschlechtern wechseln oder verschieden viele Geschlechter zugleich annehmen. Das passiert für einige genderfluide Personen zu zufälligen Zeitpunkten, für andere in bestimmten Kontexten und unter bestimmten Umständen.

Die Art, wie cis Personen über Identitäten wie genderfluid sprechen, hat Auswirkungen. Cis Personen bestimmen zu oft den Diskurs. Ich und viele andere fallen darauf herein. Ich habe mich lange gegen das Wort genderfluid gewehrt. Ich habe selbst gedacht: Was für ein Quatsch. Auch heute zweifle ich hin und wieder an mir. Bilde ich mir das nur ein? Fühlen sich alle Menschen so? Versuche ich nur, besonders zu sein? Sich selbst immer wieder seines Geschlechtes sicher werden zu müssen, ist anstrengend. Ich balanciere hier zwischen verinnerlichter Frauenfeindlichkeit, verinnerlichter Transfeindlichkeit und cis-normativen Weltanschauungen. Die Gesellschaft muss sich bezüglich queerer Themen dringend verändern.

Für mich ist es schwierig, zu einem Ziel mit meiner Geschlechtsidentität zu gelangen, weil einem niemand beibringen kann, wie es geht, beides zu sein. Wie drücke ich mich männlich aus mit all den Haaren auf meinem Kopf, aber keinen in meinem Gesicht? Wie bleibe ich weiblich, wenn ich eine Transition starte? Ich wünschte, ich könnte mein Geschlecht wechseln wie einen Pulli. Zwei binäre Pullis und ich könnte täglich entscheiden, welcher heute besser passt. Momentan bin ich nur die Hälfte der Zeit wirklich ich und das macht mich fertig.

Diese Beschreibung habe ich irgendwo gelesen und verwende sie immer wieder gerne: Mein Geschlecht ist ein Tachometer. Eine Nadel die ausschlägt, mal bis in die Männlichkeit, mal in der mir zugeschriebenen Weiblichkeit verweilt. Häufig irgendwo dazwischen. Ich suche mir das nicht aus, ich kann nicht in meine Männlichkeit abbiegen wie auf eine Autobahn. Ich finde mich einfach plötzlich auf der Überholspur wieder und merke das daran, dass ich Dysphorie erlebe. Ein bisschen als würde ich Tempo aufnehmen, aber den Gang nicht wechseln können. Manchmal macht mir das richtig Panik.

Genderflux

Eine Person, die sich als genderflux identifiziert, erlebt ihr Geschlecht unterschiedlich intensiv – das Geschlecht fluktuiert sozusagen. Zum Beispiel könnte sich diese Person an manchen Tagen sehr stark als Mann positionieren, an anderen aber kaum so fühlen.

An alle meine genderflux-Geschwister:
Diese Welt kann ein dummer und ignoranter Ort sein. Viele Menschen verstehen uns nicht, wollen uns nicht verstehen und ignorieren uns deswegen. Es wird immer wieder Momente geben, in denen andere uns akzeptieren und sehen, wie wir sind, und die fühlen sich großartig an. Aktuell können wir das nicht von allen erwarten. Ja, das ist richtig blöd. Aber alles, was wir deswegen tun können, ist ruhig bleiben, Menschen aufklären, mit Menschen reden. Und ganz wichtig, sichtbar werden. Gar nicht mehr aus dem Bild verschwinden, besonders für die, die nicht glauben, dass unsere Identitäten echt und wertvoll sind. Weiter echt und wertvoll zu sein, ist der beste Weg, wie wir das Cis-tem bekämpfen können. Also seid ihr selbst, ohne euch dafür zu entschuldigen. Schneidet euch die Haare, wie ihr wollt. Tragt einen Binder. Tragt ein Kleid oder ein Hemd oder beides. Legt euch die Regenbogenflagge wie Superheld*innen-Capes über die Schultern. Bastelt Anstecker mit euren Pronomen. Lasst Leute an eurer Identität teilhaben, seid stolz auf eure Identitäten und lasst euch nicht still kriegen. Das wird alles Zeit brauchen, und Mut und viel Energie, aber wir können gemeinsam radikale queere Akzeptanz erreichen. Wir sind echt, wir sind wichtig und genderflux ist ein wunderschönes Geschlecht.

Hin und wieder will ich über den Mist, den ich mir von cis Menschen anhören muss, laut lachen. Wenn ich meinen Ausdruck daran anpasse, wie sehr ich gerade Frau bin, wird mir vorgeworfen, dass ich veraltete Rollenbilder aufrechterhalte. Wenn ich meinen Ausdruck nicht verändere, wird mir unterstellt, dass ich mir das alles nur ausdenke. Wenn ich sehr lange einen Ausdruck hatte und dann wechsle, weil die Intensität meines Geschlechts gewechselt hat, wird mir gesagt, ich würde queer spielen. Ich kann in diesen Diskussionen nicht gewinnen und es raubt mir meine gesamte Energie, mich immer wieder rechtfertigen zu müssen. Ich will diese Kommentare nicht hören. Ich will nur mal mehr und mal weniger Frau sein können.

Ich bin genderflux maverique. An vielen Tagen habe ich ein sehr gutes Bewusstsein und Gefühl für mein Geschlecht. An anderen kaum. Ich vergleiche das gerne mit Fahrradfahren – an manchen Tagen fährst du auf Autopilot und merkst kaum, wie du ans Ziel kommst. An anderen spürst du jeden Tritt in die Pedale ganz genau.

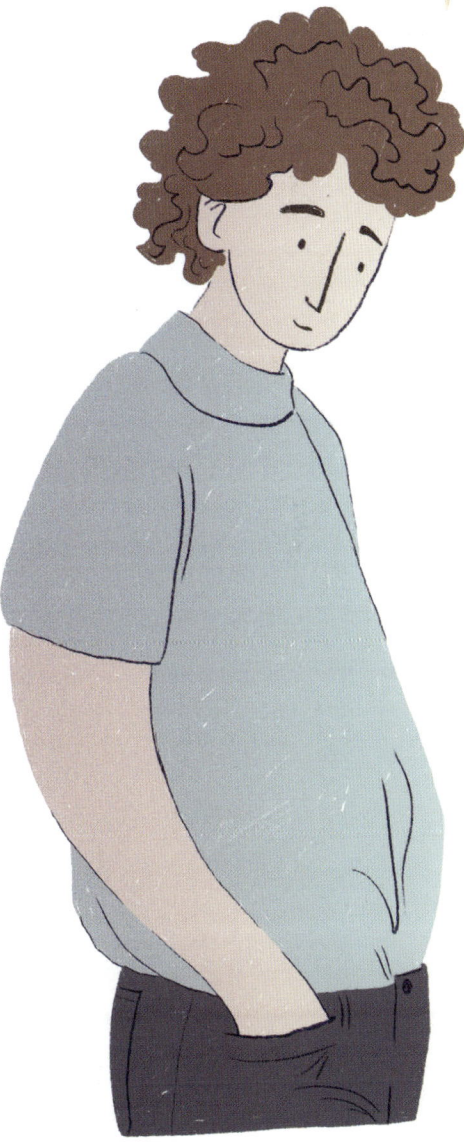

Multi-/Polygender

Eine Person, die mehrere Geschlechter erlebt, beschreibt sich vielleicht als Multi- oder Polygender. Diese Begriffe werden zum Beispiel gerne von Menschen gewählt, deren Anzahl an Geschlechtsidentitäten unklar ist oder sich in verschiedenen Lebensphasen unterscheidet.

Mein Verständnis von Polygender lässt sich fassen mit: Ich habe viele Geschlechter, aber nicht alle. Lange habe ich mich als nicht-männlich beschrieben, aber ich möchte mich nicht als das Gegenteil von etwas definieren. Ich habe eine Identität, die alles außer männlich umfasst – das schließt weiblich auf jeden Fall mit ein, aber geht darüber hinaus.

Ich verwende multigender, um zu beschreiben, dass mein Geschlecht sich gewandelt hat und dieser Wandel Teil meiner Identität ist. Als AFAB Person habe ich Sexismus erlebt, auch in meiner Erziehung. Ich habe meine Pubertät als Mädchen erlebt. Diese Erfahrungen haben mich geprägt und werden für immer Teil von mir sein, ich will das weder auslöschen noch ignorieren. Heute bin ich non-binary trans. Und multigender. Denn Teil von meinem Trans-Sein ist immer noch meine Erfahrung von Weiblichkeit. Das lässt sich nicht davon trennen, ich erlebe mehr Geschlecht, als cis-Personen.

Einige Menschen haben Identitäten, die sie mit vielen Begriffen fassen. Andere nutzen nur einen Begriff. Gerade mit multigender sehe ich den Wechsel häufig. Cis Personen sind schnell verwirrt. Sie sind es gewöhnt, dass Menschen ihr Geschlecht in einem Wort zusammenfassen können: Mann oder Frau. Wenn ich dann sage ich bin multigender-genderflux-non-binary lehnen das viele ab. Ich hoffe immer, dass diese Ablehnung aus Unwissenheit und Unsicherheit entsteht und nicht bösen Absichten. Doch es macht mich traurig, wie häufig die Unsicherheit dadurch geäußert wird, mir meine Identität nicht zu glauben.

Ich habe keine Energie mehr für Diskussionen darüber, wie viele Geschlechter jemand haben kann. Auch unter queeren Menschen wird immer noch darüber gesprochen, dass jemand maximal zwei oder drei Geschlechter haben kann. Diese Art zu denken, ist tief verwurzelt in dem binären Geschlechtersystem. Wir müssen uns davon lösen, dass Geschlecht etwas Zählbares oder Endliches sei. Binäre Gedanken über die Festschreibung von Geschlechtern – egal wie vielen – werden uns nicht weiterbringen.

Trigender

Eine Person, die drei Geschlechter erlebt, ist trigender. Diese Geschlechter können binäre und/oder nicht-binäre Identiäten sein. Einige trigender Personen erleben ihre Geschlechter gleichzeitig, andere eher abwechselnd. Die Geschlechter sind für viele dabei nicht gleichmäßig aufgeteilt, sondern können auch unterschiedlich stark erlebt werden.

Meine Identiät bildet sich um Weiblichkeit. Ich bin trigender: Demigirl und agender-Frau und non-binary femme. Früher habe ich genderflux-weiblich verwendet. Aber ich kann das klar trennen. Ich fühle mich unterschiedlich in jeder meiner drei Identitäten. Es gibt den gemeinsamen Nenner von AFAB. Abgesehen davon bin ich manchmal demigendes, manchmal agender und manchmal non-binary. Meistens Ersteres. Doch ich will auch die Geschlechter, die ich nur selten und unregelmäßig fühle als Teil meiner Identität begreifen.

Ich verwende männliche Pronomen und benenne mich manchmal als trans* Mann, um ernst genommen zu werden und mit gatekeeping umzugehen. Aber eigentlich bin ich Mann, agender und androgyn. Ich würde mich gerne häufiger als trigender beschreiben, weil sich das besser anfühlt: Es drückt genauer aus, wer ich bin. Doch obwohl ich merke, dass trigender ein ehrlicheres Wort für mich ist, merke ich, dass andere dann glauben, ich lüge. Also sage ich meistens nur einen Teil meiner Identität und schäme mich danach dafür, dass ich nicht den Mut hatte, zu mir zu stehen, wie ich bin.

Ich kann genauso gut drei Geschlechter haben, wie du eines haben kannst. Für mich ist ein Geschlecht eine wahnsinnig einschränkende und erstickende Vorstellung. Wenn ich mich entscheiden müsste, wüsste ich wirklich nicht, wie ich das machen soll. Ich erlebe meist alle meine Geschlechter gleichzeitig. Und ich finde das nicht anstrengend, sondern befreiend und schön.

Pan-/Omnigender

Viele Personen, die sich als pan-/omnigender identifizieren, machen das, weil unser aktuelles Wissen über Geschlecht begrenzt ist und sie davon ausgehen, dass es Geschlechter gibt, von denen wir aktuell noch nichts ahnen und/oder, dass es unendlich viele Geschlechter gibt. Pan-/Omnigender Personen erleben viele und manchmal alle Geschlechter, entweder abwechselnd oder gleichzeitig.

Maxigender

Das Label »Pan-/Omnigender« kann problematisch sein: Einige Geschlechtsidentitäten sind an spezifische kulturelle und historische Kontexte geknüpft und vielleicht ist es als Person, die der betreffenden Community nicht angehört, nicht ganz angebracht, diese Identität als eigene zu begreifen. Beispielsweise wünschen sich viele indigene Personen, dass Two Spirit nicht von nicht-indigenen Menschen verwendet wird.

Deswegen gibt es den Begriff Maxigender. Maxigender Personen erleben viele und manchmal alle ihnen zugänglichen Geschlechtsidentitäten. Mit zugänglich sind alle Identitäten gemeint, die mit dem aktuellen Wissensstand und dem individuellen Kontext erschließbar sind.

Ich bin pangender und finde es nicht okay, wenn Leute mir diese Identität unter dem Deckmantel der politischen Korrektheit absprechen. Meist ist das nur versteckte Transfeindlichkeit. Als würden mich mehr Menschen akzeptieren, wenn ich mich maxigender nenne. Ob das Label für mich angemessen ist oder nicht, kann nur ich entscheiden. Strikt gegen das Wort pangender zu sein, bedeutet, mich in eine Position zu bringen, in der ich mich auch gleich als indigen und inter offenbaren muss. Menschen über die genaue Bedeutung von Begriffen aufzuklären, ist schön und gut, aber ich will das nicht in einem Identitäts-Verbot enden sehen.

Es gibt viele Teile meiner Identität, die von maxigender gut zusammengefasst werden. Ich bin etwas genderfluid und denke über mich selbst oft als genderqueer. Die beiden spielen zusammen und ich identifiziere mich als maxigender, weil das diese Schnittstelle beschreibt. Ich sehe Geschlecht als vier Bereiche: Männlich, weiblich, neutral und nichts. Ich fühle mich wie alle vier; ich fluktuiere zwischen allen vier. Die Intensität überrascht mich selbst. Ich habe viele Geschlechter und fühle sie alle.

Es gibt kein Limit davon, wie viele Geschlechter jemand haben kann. Ich merke, wie mein Geschlecht stetig wächst und sich wandelt, wie es größer wird. Mein Geschlecht ist eine Linie, die fortläuft, ihre Farbe wechselt, ihre Form ändert, ihre Richtung. Ich entdecke immer wieder neue Aspekte von meinem Geschlecht, ich kann darauf keine Zahl kleben. Für Geschlechter, die ich in der Zukunft in mir entdecken werde, gibt es heute vielleicht noch keine Namen. Nicht alle meine Gefühle kann ich in Worte fassen. Deswegen verwende ich maxigender: Ich fühle das Maximum an Geschlecht, das ich mir in diesem Moment vorstellen kann.

Graygender

Der Begriff Graygender beschreibt, nur eine schwache Verbindung zur eigenen Geschlechtsidentität zu haben und/oder der eigenen Geschlechtsidentität eher mit Gleichgültigkeit gegenüber zu stehen. Graygender Personen haben zwar ein Geschlecht – fühlen sich mit diesem aber oft wenig verbunden oder sind wenig daran interessiert.

Ich bin AMAB und okay damit, als Mann gesehen zu werden. Ich habe mich aber nicht immer so gefühlt. In meiner Kindheit habe ich von mir selbst als »nicht ganz Junge« oder »fast Mädchen« gedacht. »Mann« wurde für mich erst ein Label, mit dem ich mich auch identifizieren kann, seit ich realisiert habe, dass ich nicht traditionell männlich dafür sein muss. Dennoch fühle ich mich nicht wohl in männlichen Räumen. Beispielsweise öffentliche Toiletten oder Umkleiden im Fitness-Studio. Ich fühle mich, als sei ich ein Eindringling. Ich gehöre da nicht hin und es ist seltsam, dass das niemandem außer mir auffällt. Ich würde mich nicht freiwillig in Gruppen aufhalten, die »nur für Männer« sind, weil ich dort schlicht nicht dazu gehöre.

Ich identifiziere mich außerhalb des Binären, ich identifiziere mich mit Geschlecht, zumindest irgendwie teilweise. Da ist eine natürliche Ambivalenz. Mein Wunsch nach Geschlecht ist eher schwach. Graygender ist wie der Rauch, nachdem man eine Kerze ausgepustet hat: Irgendwie sichtbar, auf jeden Fall ein Gefühl und Geruch, aber man kann es nicht greifen und wenn man es versucht ist es auch schon wieder weg.

Queere Menschen sind immer so bunt. Schon allein die Regenbogenflagge: So viele Farben. Graygender beschreibt mich deswegen sehr gut. Ich bin queer, ich existiere außerhalb des binären Systems, doch nicht ganz so intensiv. Als hätte jemand in der Bildbearbeitung die Sättigung deutlich reduziert. Da sind noch Farben, aber so wirklich wichtig sind die nicht mehr.

Demigender

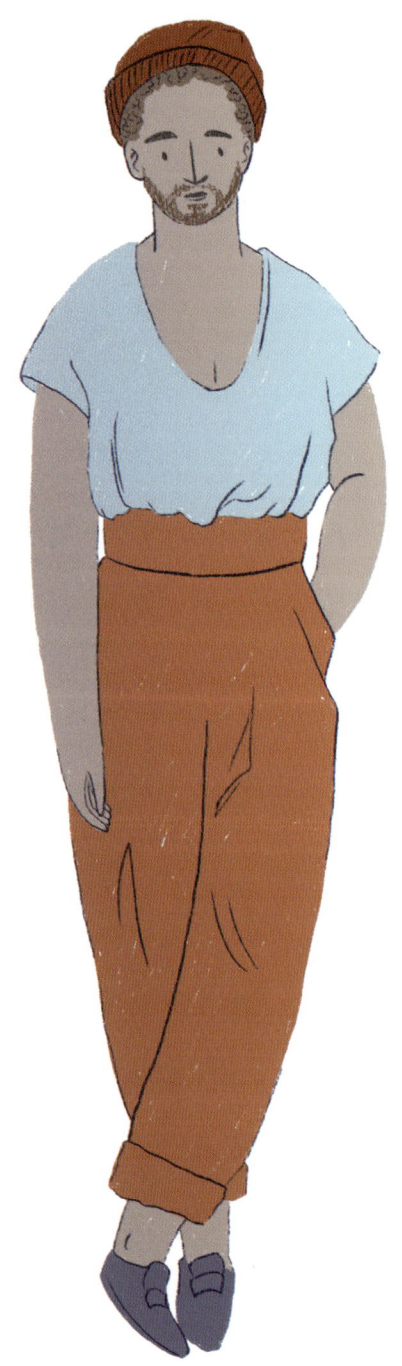

Demigender kann ganz unterschiedlich eingesetzt werden: Demiboy, demigirl, demi-non-binary, demi-agender. Je nach Endung verändert sich die Bedeutung. Letztendlich geht es darum, dass die Person sich teilweise mit dem Geschlecht/den Geschlechtern verbunden fühlt, das genannt wurde. »Teilweise« kann ganz verschiedene Ausprägungen meinen - einige demigender Personen fühlen eine starke Verbindung, andere eine schwache.

»Demi« ist eine Vorsilbe, die oft mit einem »Was!?« beantwortet wird. Dann erklärt man sich und die Antwort ist: »Du willst doch auch nur besonders/individuell sein«, oder: »Warum brauchst du ein Label dafür, sag doch einfach Junge/Mädchen.« Die eigene Identität zu erklären, ist nie einfach, und auch die richtigen Begriffe zu finden, ist schwer. Demigender ist kein Label, das sehr bekannt oder beliebt ist. Deswegen finde ich es nicht überraschend, wenn andere erstmal glauben, dass es nicht echt wäre. Ist es aber. Jedes Geschlecht verdient Respekt. Ein Label zu haben, mit dem man sich selbst beschreiben kann, ist unglaublich wichtig - es hilft uns, uns selbst zu verstehen, uns auszudrücken, ein Netzwerk zu bilden, Selbstbewusstsein zu finden. Niemand hat das Recht, uns ein Label wie demigender wegzunehmen, nur weil er/sie selbst das Label nicht kennt.

Demigirl zu sein bedeutet für mich, dass meine Weiblichkeit in Phasen kommt. Ein Teil von mir möchte pinke Kleidchen tragen und lila Lippenstift und große Ohrringe. Ein anderer Teil von mir fühlt sich fremd und deplatziert, wenn ich unter anderen Frauen bin – als würde ich nicht wirklich dazugehören. Ich bin nicht gender nonconforming oder non-binary. Oft fühle ich mich mit Weiblichkeit und besonders den klischeebelasteten Vorstellungen davon sehr wohl. Ich vergleiche das manchmal mit Schwimmengehen: Du schwimmst auf den See raus und alles ist normal und gut. Dann tauchst du kurz unter Wasser und die ganze Welt ist verändert, alles sieht anders aus, du fühlst dich anders, du siehst und hörst und schmeckst anders. Aber sobald du wieder auftauchst ist alles wie vorher und um dich herum hat vielleicht nichtmal jemand mitbekommen, dass du gerade zwischen zwei Welten gewechselt hast.

Vielleicht beschreibe ich mich nur als demiguy, weil ich mich an toxischer Männlichkeit messe. Das kann sein. Das macht es aber nicht weniger wichtig. Ich fühle keine Verbindung mit dieser Art von Männlichkeit. Ich fühle mich selten wirklich als Mann. Damit möchte ich mich nicht von Ausdrücken und Wahrnehmungen distanzieren. »Ich sehe kein Geschlecht«, ist genauso eine Lüge wie »Ich sehe keine (Haut-)Farben«. Demiguy beschreibt mein Inneres. Das ist sanft und weich, das erschreckt sich vor dem Begriff des Mannes, das ist nur manchmal als Geschlecht zu erfassen.

Gender indifferent

Eine Person, die Gleichgültigkeit oder Desinteresse gegenüber ihrem eigenen Geschlecht oder Geschlecht ganz allgemein empfindet, kann als gender indifferent beschrieben werden.

Ich bin okay damit, wenn ich weiblich, männlich, agender, bigender, trigender oder was anderes genannt werde. Kein Begriff stört mich wirklich. Nenn mich, wie du willst, mir ist das echt egal. Aber es ist nicht so, als wäre ich weiblich, männlich, agender, bigender oder trigender. Das würde bedeuten, dass ich eine Präferenz hätte. Und die habe ich nicht.

Gender neutral

Gender neutral Personen haben ein Geschlecht, dieses ist aber neutral. Das bedeutet für manche, dass ihre Geschlechtsidentität genau in der Mitte von Mann und Frau befindet. Für andere, dass ihr Geschlecht gar nicht auf dem binären Spektrum landet.

Brüste haben kein Geschlecht. Haarfarbe hat kein Geschlecht. Haarlänge hat kein Geschlecht. Stimmhöhe hat kein Geschlecht. Makeup hat kein Geschlecht. Gender neutral und non-binary Personen sind nicht nur die dünnen Menschen mit kurzen, bunten Haaren und flacher Brust, die auf Instagram zu sehen sind. Ausdruck ist nicht das gleiche wie Geschlecht. Es gibt keinen neutralen Ausdruck, aber trotzdem kann ich gender neutral sein.

Neutrois

Neutrois bedeutet, dass das eigene Geschlecht neutral ist, oft wird es mit der Zahl null beschrieben.

Einige Menschen, die sich als Neutrois identifizieren, erleben Dysphorie oder wünschen sich eine Möglichkeit zur Transition, um von außen geschlechtsneutral gelesen zu werden. Das Bedürfnis nach einer medizinischen Transition haben aber nicht alle Neutrois Personen.

Es fehlt eine Verbindung zwischen dem Geschlecht, das mir zugeschrieben wurde, und dem, was ich in meinem tiefsten Inneren spüre. Mein Bewusstsein ist nicht männlich oder weiblich, sondern einfach neutral. Ich möchte einfach eine Person sein, ein Mensch.
Ich bin so frustriert darüber, in einer Gesellschaft festzustecken, in der alles männlich oder weiblich ist. Es ist schwer, wenn man selbst keins von beidem sein will. Wieso sollte ich eine Transition starten, wenn es nicht um meinen Körper geht? Wie sollte ich überhaupt zu Neutralität kommen? Geschlecht fühlt sich für mich immer nach einem Zirkus an, das ist nicht echt. Ich dachte früher, Geschlecht sei ein gigantischer Witz und ich verstehe ihn einfach nicht – Ich dachte, das denken sich alle aus. Heute weiß ich, dass ich auch als Neutrois einen Platz in dieser Gesellschaft habe. Doch wie ich mit Brüsten wahrgenommen werde, stört mich noch immer. Mein Körper sollte nicht im Widerspruch dazu stehen, wie ich mich innerlich fühle. Mein Geschlecht ist meines und ich muss meinen Körper nicht für heteronormative Blicke anpassen.

Ich möchte eine Hormontherapie anfangen. Mein Therapeut lässt mich nicht. Ich würde gerne wechseln, aber das ist schwierig. Der Therapeut wurde mir von trans Personen empfohlen. Er unterstützt Menschen, die sich im falschen Körper gefangen fühlen. Er glaubt mir aber nicht, dass mein Geschlecht null ist. Er sagt, es würde mir damit nicht besser gehen, weil es so etwas wie Neutralität in dieser Welt nicht gibt. Ich möchte einfach nur selbst entscheiden dürfen, wie ich mich ausdrücke.

Als Mädchen habe ich gelernt, klein zu sein. Ich habe meine Beine über Kreuz gelegt, Hände brav im Schoß, Schultern gerade, aber bloß nicht zu groß. Ich war alles, was von mir erwartet wurde. Habe ich es falsch gemacht? Vielleicht. Mein pubertäres Ich fragt sich noch immer: Sollte ich kein wildes Kind sein, kein Kind auf Bäumen und Schaukeln mit aufgeschlagenen Knien? Hätte Tomboy meine Identität sein können? Früher war mein Wortschatz klein, das Vokabular hört mit den Dorfgrenzen auf. Mein Dialekt passt nicht in die Großstadt, aber ich lerne neue Wörter und fühle mich groß. Das wird Code Switching genannt, aber Code Switching ist kein Begriff der Sprache, die Zuhause gesprochen wird. Ich habe mich nach innen gewandt. Ich habe mich um das Mädchen-Sein gedreht. Ich fand den starken, weichen Kern von mir selbst. Ich habe vergessen und ignoriert und mich noch kleiner gemacht. Irgendwann war ich so klein, dass es zu einer Null wurde. Wie lange habe ich mich geschrumpft? Woher kommt diese Anspannung? Muss das so sein? Was passiert, wenn ich mich einfach groß mache? Wie fühlt es sich nochmal an zu atmen?
Ich habe aufgeschlagene Knie und überkreuze Beine. Ich falte meine Hände im Schoß in den Baumkronen. Ich mache mich nicht mehr klein, seit ich kein Dorfmädchen mehr sein muss.

Agender / Genderless / Genderblank / Genderfree / Gendernull / Gendervoid

Manche Menschen verwenden all diese Wörter völlig austauschbar - für andere sind die feinen Unterschiede sehr wichtig. Einige Personen, die sich mit einem dieser Begriffe identifizieren, fühlen sich geschlechtslos - sie haben keine Geschlechtsidentität. Andere beschreiben es mehr als geschlechtsneutral. Wieder andere identifizieren sich so, weil sie das Konzept von Geschlecht ablehnen und/oder für sich persönlich für irrelevant befinden.

Zu erkennen, dass ich Frau-Sein ablehne, nicht nur Weiblichkeit, war ein Moment, der mich und mein Leben grundlegend verändert hat. Ich fühle mich so viel wohler, seit ich das Wort genderless entdeckt habe. Ich bin nicht Tomboy oder androgyne Frau, das hat sich alles zu halbherzig angefühlt. Ich verweigere mich Geschlecht. Ich verweigere mich nicht nur, ich entfremde mich. In voller Absicht und ohne mir da reinreden zu lassen.

Manchmal vergesse ich, dass Geschlecht existiert. Wenn ich unter anderen agender Menschen bin oder unter Freund*innen, bei denen ich geoutet bin. Dann gehe ich raus und werde von Fremden plötzlich gegendert und erschrecke mich davon mehr, als ich sollte.

Genderfree bedeutet nicht androgyn. Menschen verwechseln das oft oder denken, dass nur androgyne Personen auch wirklich genderfree sein können. Ich bin manchmal eher maskulin, manchmal mehr feminin, manchmal dazwischen. Dass ich mich als genderfree identifiziere, heißt nicht automatisch, dass ich jegliche Form von Ausdruck ablehne. Dass das dann als männlich oder weiblich wahrgenommen wird, hat nichts mit meiner Identität zu tun. Das ist in den Köpfen der Menschen. Da müssen die ihre Vorstellungen abbauen, nicht ich mein Geschlecht.

Void heißt »Leere« auf Englisch. Das ist genau, was ich fühle, wenn ich über Geschlecht nachdenke: Leere. Agender zu sein, hat viele verschiedene Ausprägungen, wie alle anderen Geschlechter auch. Ich kenne agender Personen, die sich nicht mit einem Geschlecht identifizieren wollen, und solche, die einfach kein Geschlecht haben. Ich beschreibe mein Geschlecht als ein Gefühl von Nichts. Besser kann ich das nicht erklären – Wie soll man etwas erklären, das nicht da ist? Gendervoid als Geschlechter-Leere, das fasst es gut zusammen.

Questioning

Questioning verwenden Menschen als Label, die noch mitten drin sind, im Prozess, ihre Geschlechtsidentität kennenzulernen, zu beschreiben und auszudrücken. Einige der Menschen, die sich als Questioning positionieren, vermuten, möglicherweise trans* zu sein. Andere sind noch dabei heraus-zufinden, welches Label für sie passt - dabei ist auch eine Möglichkeit herauszufinden, dass man cis ist.

Als ich aufgehört hatte, Kleider und Makeup zu tragen, wusste ich nicht, dass ich trans* bin. Ich wusste nur, dass ich mich wohl so fühle, und das hat gereicht. Als ich meine Haare abgeschnitten hatte, wusste ich immer noch nicht, dass ich trans* bin. Ich hatte eine Vermutung, aber vor allem wusste ich, dass kurze Haare mich glücklicher machen, also habe ich sie kurz getragen. Meinen Namen und Pronomen habe ich geändert, als ich mich mit »Questioning« beschrieben habe. Genauso habe ich zu der Zeit einen Binder getragen. Worauf ich hinaus will: Es ist okay, sich unsicher zu sein und das eigene Geschlecht infrage zu stellen und trotzdem bereits Schritte der Transition zu gehen. Man muss nicht schon alles wissen, um zu spüren, was einen glücklich machen wird.

Ich denke es ist okay, das eigene Geschlecht nicht definieren zu können. Ich bin immer noch ich, auch wenn ich kein passendes Label finde. Mein Geschlecht definiert mich nicht. Ich kann eine innere Ruhe mit mir und diesem Thema haben und trotzdem Unsicherheit spüren oder Fragen haben. Ich lerne mein eigenes Geschlecht noch kennen, aber ich lasse mich davon nicht abhalten, mein Leben normal fortzusetzen.

Viele Menschen in der queeren Community haben glaube ich Angst vor Unsicherheit. Es gibt so viele Vorurteile. »Nicht trans genug«, »nicht queer genug«, »Bisexuelle haben sich einfach noch nicht entschieden« und so weiter. Ich positioniere mich jetzt schon seit zwei Jahren als Questioning und finde das gut so. Für mich gehört viel Mut zur Unsicherheit. Ich weiß nicht, wo ich mit meinen Fragen enden werde. Vielleicht werde ich mich nie festschreiben. Das ist auch okay dann. Questioning ist ein wundervolles Label voller Potenzial und bietet mir ganz viel Raum an, um mich selbst besser kennenzulernen.

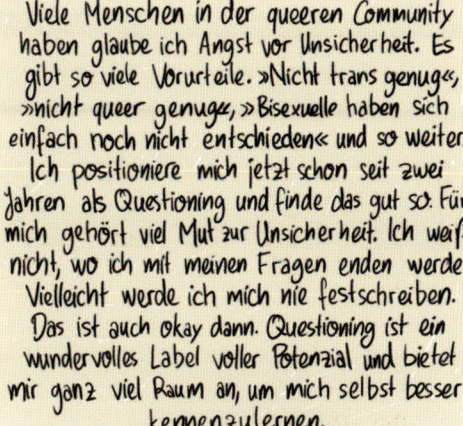

Was ich gerne gehört hätte, als ich mich an das Wort Questioning gewagt habe: Entspann dich. Es wird immer Menschen geben, die dich lieben und unterstützen, egal was passiert. Du hast noch dein ganzes Leben Zeit, um dein Geschlecht zu entdecken. Du bist so mutig und stark, diese Fragen definieren nicht deine ganze Person.

Die folgenden drei Fragen habe ich all den Personen gestellt, die du in diesem Kapitel gesehen hast. Nun stelle ich sie auch dir.

1. Wie würdest du dein eigenes Geschlecht benennen und beschreiben; wie fühlt sich das an und woher weißt du, dass dies dein Geschlecht ist?

2. Was wünschst du dir, das alle Menschen mit anderen Geschlechtsidentitäten über dein Geschlecht wissen?

3. Was würdest du anderen Personen, die das gleiche Geschlecht wie du haben, gerne sagen?

5

Geschlechtsausdruck

Als Geschlechtsausdruck lässt sich alles bezeichnen, was du tust, um Geschlecht zu zeigen und zu kommunizieren. Dazu gehören ganz viele Dinge, die wir uns gleich anschauen.

Vorher ist mir wichtig zu sagen: Du drückst ein Geschlecht nicht nur aus, andere nehmen auch ein Geschlecht wahr, wenn sie dich sehen.

Die Wahrnehmung von anderen muss nicht mit deiner Geschlechtsidentität übereinstimmen. Auch wenn andere Personen dich als Mann / Frau lesen, bestimmst deine Geschlechtsidentität immer noch du selbst!

Historisch betrachtet gab es schon sehr
viele verschiedene Ausdrucksmöglichkei-
ten von Männlichkeit und Weiblichkeit.

Auch der kulturelle Kontext ist wichtig: In vielen Ländern ist es beispielsweise sehr üblich für Männer, ebenfalls Kleider und Schmuck zu tragen oder als Freunde Händchen zu halten.

Dafür müssen wir nichtmal weit weg suchen: In Schottland hat der Schottenrock eine lange Tradition.

Das eigene Geschlecht ausdrücken kann verschiedene Dinge meinen.

Von den offensichtlicheren wie Kleidung und Haarschnitt bis hin zu Tattoos oder Piercings.

Einige Menschen entscheiden sich für Hormontherapie und/oder Operationen, um den für sie passenden Ausdruck zu finden. Das betrifft nicht nur trans* Personen - auch cisgeschlechtliche Menschen greifen zu Schönheitsoperationen, wenn sie ihren Körper verändern möchten.

Geschlechtsausdruck kann sehr öffentlich sein, wie die eben aufgekommenen Beispiele. Das kann aber auch sehr privat passieren. Sich probeweise die Fußnägel lackieren, um sie dann unter Socken zu verstecken, nur um mal zu sehen, wie sich das anfühlt mit so lackierten Nägeln.

Wir dürfen alle damit herumexperimentieren, wie wir uns ausdrücken wollen – egal welche Geschlechtsidentität wir haben. Und dein Geschlechtsausdruck muss nichts Stabiles sein, du kannst den jederzeit ändern und Spaß damit haben.

Zieh ein Kleid an.

Schminke dir einen Bart.

Und das kannst du ganz alleine hinter verschlossenen Türen machen, einfach nur für dich.

Oder mit Freund*innen zusammen, vielleicht traut ihr euch gemeinsam sogar in den öffentlichen Raum.

Oder du lässt das mit dem Experimentieren, weil du dich nicht traust, einfach schon wohl genug fühlst oder aus einem anderen Grund nicht willst. Das ist auch voll okay.

Für manche Menschen kann der Ausdruck von Geschlecht auch mit persönlicher Sicherheit verbunden sein.

Non-binary oder genderqueere Personen präsentieren sich in öffentlichen Räumen möglicherweise viel stärker in traditionellen Ausdrucksweisen, als sie dass unter Freund*innen oder Zuhause tun. So vermeiden sie beispielsweise Anfeindungen auf öffentlichen (binären) Toiletten.

Trans* Personen entscheiden sich manchmal bewusst für die Darstellung des ihnen zugeschrieben Geschlechts, weil sie Gewalt fürchten müssen, wenn sie als trans* Person erkannt werden.

(Diese Personen sind trotzdem noch genauso trans* wie vorher - nochmal, dein Geschlechtsausdruck macht deine Geschlechtsidentität nicht mehr oder weniger echt!)

Dabei wäre es so schön, wenn alle Menschen sich so ausdrücken könnten, wie sie das möchten. Denn Geschlechtsausdruck hilft einigen Personen gegen die von ihnen erlebte Dysphorie.

Genauso kann ein Geschlechtsausdruck sich so anfühlen, als würde man sich selbst von der Binarität und festgefahrenen Rollenvorstellungen befreien.

Für einige Menschen ist ihr eigener Geschlechtsausdruck also ziemlich wichtig, um sich verbunden, unterstützt und gesehen zu fühlen.

Dir ist Geschlechtsausdruck vielleicht völlig egal. Du siehst vielleicht gar keine Verbindung zwischen deiner Ausdrucksweise und deiner Geschlechtsidentität oder es ist dir einfach egal. Beides ist ebenfalls völlig in Ordnung.

Sprache

Alle Wörter, die wir verwenden,
um Geschlecht zu kommunizieren,
gehören auch zum Thema Geschlechtsausdruck.

Aber sind das
dann nicht ALLE
Wörter!?

Ziemlich viele, ja.
Und das ist nicht unwichtig.

Wie wir reden prägt unsere Vorstellungen und Wahrnehmung von der Welt um uns herum. Und wie wir über die Welt denken, hat direkte Auswirkungen darauf, wie die Welt ist.

Hier ein Beispiel: weil wir immer nur von Feuerwehrmännern sprechen, sind Jungs sich sehr sicher, dass sie später mal Feuerwehrmänner werden könnten. Und weil wir von Prinzessinnen reden, ist das eine Wunschvorstellung von Mädchen.

Was aber ist mit Frauen in der Feuerwehr? Und Prinzen? Wir reden über die nicht, wir erwarten Frauen nicht in der Feuerwehr und Männer nicht mit Diadem.

Unsere Sprache reproduziert also die ganzen vielen Geschlechterrollen und -normen, die wir in Kapitel 3 angeschaut haben.

Unser Plural wird im sogenannten generischen Maskulinum gebildet. Das heißt egal über wen wir reden, wir verwenden immer die männliche Endung. Selbst wenn es um eine reine Frauengruppe geht, machen wir das oft, einfach aus Gewohnheit. Auch unsere Redewendungen sind ganz oft männlich geprägt: »Ich gehe zum Arzt« beispielsweise, auch wenn unser Arzt eigentlich eine Ärztin ist.

Damit sich daran etwas ändert gibt es gender-gerechte Sprache.
Hier ein paar Beispiele:

Freund / Freundin – Freunde – FreundInnen – Freund_innen – Freund*innen

Arzt / Ärztin – Ärzte – ÄrztInnen – Ärzt_innen – Ärzt*innen
                                                        Ärzte* Ärztinnen

Student / Studentin – Studenten – StudentInnen – Student_innen – Student*innen
                                                                        Studierende

Lehrer / Lehrerin – Lehrer – LehrerInnen – Lehrer_innen – Lehrer*innen

Wenn du dir unsicher bist, wie du einen Satz gender-gerecht ausdrücken kannst:
Auf geschicktgendern.de gibt es tolle Umschreibungen und Alternativen.

Das Binnen-I

Das große I im Plural, auch Binnen-I genannt, war eine der ersten verbreiteten Sprachformen, die sich vom generischen Maskulinum entfernt hat. Frauen in unsere Sprache einzuschließen, soll Frauen sichtbarer machen und unsere eigene Wahrnehmung von der Welt verändern. Das Binnen-I wird heute kritisiert, weil es nur Männer und Frauen mitspricht und -schreibt. Und wenn schon geschlechtergerechte Sprache, dann doch auch gleich alle mitdenken, oder?

Der Gender-Gap

Um zu verdeutlichen, dass es zwischen Männern und Frauen noch weitere Geschlechter gibt, wurde dann der Gender-Gap, der Unterstrich _, eingesetzt. Auch der Gender-Gap war schnell nicht mehr inklusiv genug, denn übersetzt heißt das Englische Gap eben Lücke und sich Geschlechter außerhalb der Binarität in einer Lücke vorzustellen wird diesen vielleicht nicht ganz gerecht. Außerdem weist der Gender-Gap eher auf eine Skala hin als auf ein Spektrum - wo finden agender Personen einen Platz »zwischen« Mann und Frau?

Das Gender-Sternchen

Deswegen ist heute das Gender-Sternchen * recht weit verbreitet. Beim Sprechen sagt man nicht »Sternchen«, sondern macht eine kurze Pause, wie zwischen zwei Wörtern. Das Sternchen sagt: Hier ist Platz für alle Geschlechtsidentitäten, die nicht »Mann« oder »Frau« sind.

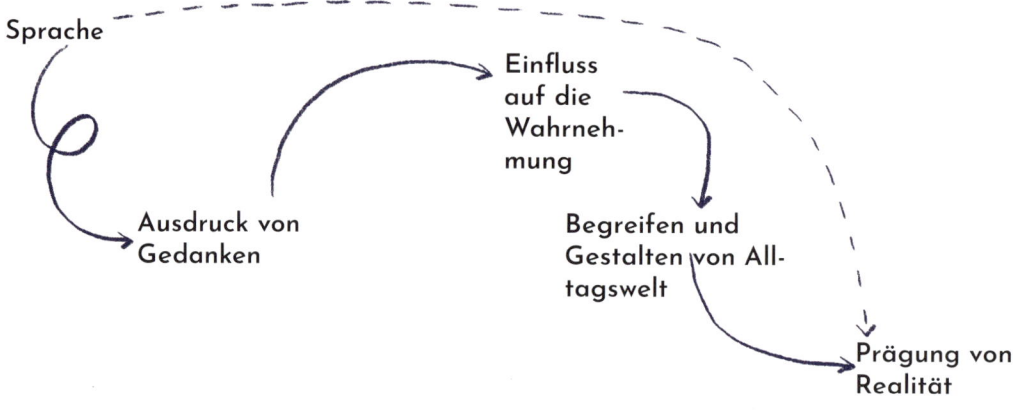

Sprache

Ausdruck von Gedanken

Einfluss auf die Wahrnehmung

Begreifen und Gestalten von Alltagswelt

Prägung von Realität

Einige Menschen bezeichnen diesen Sprachgebrauch sehr abwertend als »gender-Wahn«.

Es kann dich natürlich niemand zwingen, so zu sprechen. Aber ich möchte dich hier zu einem kleinen Experiment einladen. Versuche, eine Woche lang gender-gerechte Sprache zu verwenden, und schau mal, was passiert.

Wie reagiert dein Umfeld darauf? In welchen Kontexten fällt es dir leichter, so zu reden, in welchen sehr schwer? Bei welchen Begriffen geht dir eine geschlechter-gerechte Version direkt über die Lippen, bei welchen eher selten? Was kannst du daraus über deine eigenen (unbewussten) Vorurteile lernen?

Ich hatte anfangs große Probleme die Wörter »Putzfrau«, »Krankenschwester«, »Professor« und »Wissenschaftler« loszuwerden – das sagt, finde ich, ganz schön viel darüber aus, welche Vorstellungen von Geschlecht sich in meinem Kopf breit gemacht hatten.

Auch die Namen, mit denen wir Leute ansprechen oder über sie sprechen, sind fast alle mit einem Geschlecht versehen. Die meisten Menschen bekommen einen Namen von ihren Eltern.

Einige Menschen wechseln ihren Namen im Laufe ihres Lebens - vielleicht nehmen sie einen Spitznamen an oder legen einen ab oder erhalten durch eine Ehe einen neuen Nachnamen.

Manche Personen verwenden Pseudonyme, zum Beispiel auf sozialen Medien, aber auch als Sexarbeiter*innen oder Autor*innen.

Teil von sozialer Transition kann es sein, sich einen neuen Namen auszusuchen. Trans* Personen, die ihrer Familie nahestehen, beziehen manchmal ihre Eltern in diesen Prozess mit ein. Andere fragen Freund*innen. Wieder andere entscheiden ganz für sich allein. Der Name, der nicht länger verwendet wird, wird auch als »dead name« bezeichnet.

Sich an einen neuen Namen zu gewöhnen, kann einen Moment dauern. Selbst die betreffende Person verwendet anfangs möglicherweise noch versehentlich ihren dead name. Das ist alles völlig okay, weil Fehler jedem*jeder mal passieren.

Aber sich absichtlich keine Mühe zu geben oder zu weigern, den neuen Namen zu verwenden, ist nicht nur verletzend, sondern kann für die betroffene Person auch gefährlich sein, wenn dadurch ihr trans* Sein öffentlich wird.

Ob du deinen Namen wechselst, wie du deinen Namen aussuchst, welchen Namen du wählst und wem du wann davon erzählst:

All das sind deine Entscheidungen.

Wenn wir eine Person nicht beim Namen nennen, verwenden wir Pronomen, um über sie zu sprechen. In der Schule lernen wir dabei nur »sie« und »er« als Optionen für Pronomen im Singular kennen.

Es gibt Menschen, die sich damit nicht wohl fühlen, weil sie sich weder männlich noch weiblich identifizieren und deswegen auch nicht möchten, dass mit männlichen oder weiblichen Wörtern über sie gesprochen wird.

Im Englischen ist »they/them« als geschlechtsneutrales Pronomen schon sehr etabliert. 2015 hat die American Dialect Society they sogar als Wort des Jahres gekührt und über 300 Sprachwissenschaftler*innen haben sich danach dazu geäußert und gesagt: Ja, they kann auch für Einzelpersonen verwendet werden. Wenn jemand zum Beispiel eine Geschichte erzählt, und das Geschlecht nicht relevant ist, wird im Englischen they verwendet - »they were so nice« (»they war so nett«) ist ein völlig verständlicher Satz. Also nehmen Einzelpersonen »they« nun einfach als ihr Pronomen an. Im Deutschen ist das schwieriger.

Hier ist ein Überblick mit Pronomen, die Menschen möglicherweise verwenden könnten. Diese Liste ist nicht vollständig und auch Pronomen, die hier nicht auftauchen, sind ernstzunehmen und zu verwenden. Einige Menschen verwenden die Pronomen vielleicht anders, als hier beschrieben. Wenn du dir unsicher bist: Frag nach, wie du etwas ausdrücken kannst. Unten ist Platz für deine eigenen Erinnerungen – welche Pronomen kennst du noch und wie verwendest du sie?

er
Das ist mein Freund Kai. Er war mit mir in der Schule, ich kenne ihn schon lange, manchmal passe ich auf seine Katze auf.

sie
Das ist meine Freundin Kai. Sie war mit mir in der Schule, ich kenne sie schon lange, manchmal passe ich auf ihre Katze auf.

xier
Das ist mein*e Freund*in Kai. Xier war mit mir in der Schule, ich kenne xien schon lange, manchmal passe ich auf xies Katze auf.

dey
Das ist mein*e Freund*in Kai. Dey war mit mir in der Schule, ich kenne denen schon lange, manchmal passe ich auf denens Katze auf.

el
Das ist mein*e Freund*in Kai. El war mit mir in der Schule, ich kenne en schon lange, manchmal passe ich auf ens Katze auf.

sie_er/sie*er/sieer/sie:er (oder andersherum)
Das ist mein*e Freund*in Kai. Sie:er war mit mir in der Schule, ich kenne sie:ihn schon lange, manchmal passe ich auf ihre:seine Katze auf.

er und weibliche Beschreibung (oder andersherum)
Das ist meine Freundin Kai. Er war mit mir in der Schule, ich kenne ihn schon lange, manchmal passe ich auf seine Katze auf.

hen
Das ist mein*e Freund*in Kai. Hen war mit mir in der Schule, ich kenne han schon lange, manchmal passe ich auf hens Katze auf.

Anfangsbuchstabe des Namens
Das ist mein*e Freund*in Kai. K war mit mir in der Schule, ich kenne K schon lange, manchmal passe ich auf Ks Katze auf.

per (abgeleitet von »Person«)
Das ist mein*e Freund*in Kai. Per war mit mir in der Schule, ich kenne per schon lange, manchmal passe ich auf pers Katze auf.

x
Das ist mein*e Freund*in Kai. X war mit mir in der Schule, ich kenne x schon lange, manchmal passe ich auf x Katze auf.

Für trans*geschlechtliche Personen kann die Verwendung des richtigen Pronomens wirklich wichtig sein, um sich ernstgenommen und sicher zu fühlen.

Wenn eine Person dir sagt, welche Pronomen sie als die passenden für sich empfindet: Gib dir Mühe, diese auch zu verwenden. Für die Person, die diesen Wunsch äußert, ist das nicht bloß irgendeine unwichtige Kleinigkeit.

Okay.

Du als cisgeschlechtliche Person, könntest auch versuchen dazu beizutragen, das Nennen von Pronomen zu normalisieren.

In Vorstellungsrunden kannst du beispielsweise darum bitten, dass alle Personen nicht nur ihren Namen, sondern auch ihr Pronomen nennen.

Oder dich einfach selbst so vorstellen.

Hi. Ich bin Louie.
Mein Pronomen ist x.
Wer bist du?

Indem du dich mit Pronomen vorstellst - wenn du dich damit wohl fühlst - liegt weniger Druck auf den Schultern der Personen, für die dieses Thema schwierig ist. Zugleich zeigst du so, dass du dir über die Wichtigkeit von Pronomen bewusst bist und eine Bereitschaft hast, zuzuhören und zu unterstützen.

Für einige trans* Menschen ist es auch eine blöde Situation, nach Pronomen gefragt zu werden.

Zum Beispiel, weil sie die Frage, abhängig von dem Kontext in dem ihr euch gerade befindet, vielleicht nicht so beantworten können, wie sie eigentlich wollen. Beispielsweise weil Lehrer*innen oder Vorgesetzte in der Nähe sind, die von der Geschlechtsidentität (vorerst) nichts wissen sollen.
Oder weil die Frage sie an eine Zeit vor oder während ihrer Transition und an Dysphorie erinnert.

Wenn es dir möglich ist, solltest du also nicht aufdringlich nach Pronomen fragen, sondern die Räume, diese zu nennen, selbst aktiv und achtsam öffnen. Gerade cisgeschlechtliche Menschen können damit ihre eigenen Privilegien nutzen und wichtige Aufklärungsarbeit leisten.

Jeder Mensch kann die Pronomen verwenden, die er*sie am liebsten möchte.

Kein Pronomen »gehört« irgendeinem Geschlecht.

Auch als cisgeschlechtliche Person bist du völlig frei beispielsweise »x« zu verwenden.

Genauso sind alle Menschen völlig frei darin, Pronomen mal »anzuprobieren«. Das muss keine lebenslange Entscheidung sein. Du könntest zum Beispiel deine Freund*innen bitten ein neues Pronomen zu verwenden, um selbst einen besseren Eindruck davon zu bekommen, wie du dich damit fühlst.

Für andere mag es einfacher sein, sich an dein neues Pronomen zu gewöhnen, wenn sie den Eindruck haben, dass es von Dauer ist.

Das sollte aber nicht dein Selbstbestimmungsrecht beeinträchtigen und du musst dich nicht schlecht oder schuldig fühlen, wenn du andere darum bittest, das richtige Pronomen zu verwenden.

Das einzige, das du bei deinen Pronomen lieber sein lassen solltest: Pronomen zu verwenden, um dich über trans‡ Personen lustig zu machen.

Ein Beispiel, das ich in der Vergangenheit gehört habe:

Ich identifiziere mich jetzt als Auto. Du musst über mich jetzt als Auto sprechen, wenn du ernst meinst, was du über Gender sagst.

Was diese Person ausdrücken wollte war wohl, wie albern, absurd und unnötig sie selbst Pronomen wie x empfindet. Du selbst kannst das ja gerne unnötig für dich finden – aber das macht es doch nicht unwichtiger für andere. Und sich über die Bedürfnisse von marginalisierten (an den Rand gedrängten) Gruppen lustig zu machen, ist weder witzig noch cool.

Körper

Die meisten Menschen haben ein eher schwieriges Verhältnis zu ihrem Körper, ganz egal weches Geschlecht sie haben.

Die Schönheitsidea-
le und -standards
in Westeuropa
und Nordamerika
sind schlicht un-
erreichbar. Wie wir
uns einen idealen
Körper vorstellen, ist
zudem geschlechts-
spezifisch.

Die Menge von Kurven an
einem Körper, die Größe,
das Gewicht, die Muskel-
masse – all das wird kritisch
von anderen, aber auch uns
selbst betrachtet.

Und zur Erinnerung von Seite
49: Körper und Gesellschaft und
Identität sind keine völlig voneinander getrennt existierenden
Dinge. Unser Gesellschaftssystem
beeinflusst unsere Körper. Unsere
Psyche beeinflusst unseren Körper. Genauso anders herum.

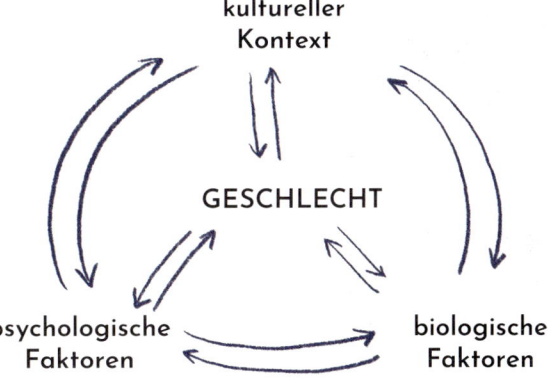

kultureller
Kontext

GESCHLECHT

psychologische
Faktoren

biologische
Faktoren

Zum Beispiel
fühlen sich viele
Menschen ausge-
glichener, wenn sie
regelmäßig Sport
machen. Oder er-
leben Stimmungs-
schwankungen vor
der Menstruation.

Körper sind ein
schwieriges The-
ma, immer wieder
und für alle. Es ist
okay, wenn du dich
in deinem Körper
manchmal oder oft
unwohl fühlst. Und:
Nicht jedes negative
Gefühl ist mit Ge-
schlecht verbunden.

Dass wir Geschlecht mit unseren Körpern ausdrücken, hat auch ganz viel damit zu tun, dass die meisten Produkte geschlechterspezifisch vermarktet werden. Das müsste nicht so sein und sollte auch problematisiert werden, weil es das binäre System aufrechterhält.

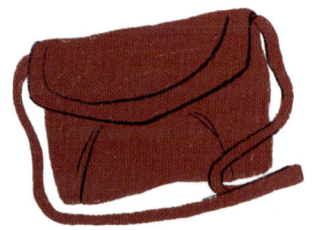

...Kleidung. Schuhe, Unterwäsche, Accessoires, Länge von Ärmeln und Shorts, Gürtel, Hüte, Taschen. Kleidung wird noch dazu ganz stark davon beeinflusst, was wir für welchen Anlass als »angemessen« einstufen. Da überschneidet sich also Geschlecht mit Klasse, kulturellem und sozialem Kontext, Religion und Alter.

Da wir aktuell aber nunmal in diesem System leben, umschließt Geschlechtsausdruck für viele Menschen beispielsweise...

...Gerüche. Welches Deo oder Parfüm du verwendest. Einige Gerüche assoziieren wir eher mit Männlichkeit, andere mit Weiblichkeit.

...Kosmetik. Lippenstift, Wimperntusche, Eyeliner, Lidschatten. Alles Produkte, die fast ausschließlich an Frauen vermarktet werden.

...Körperhaare.

...die Frisur

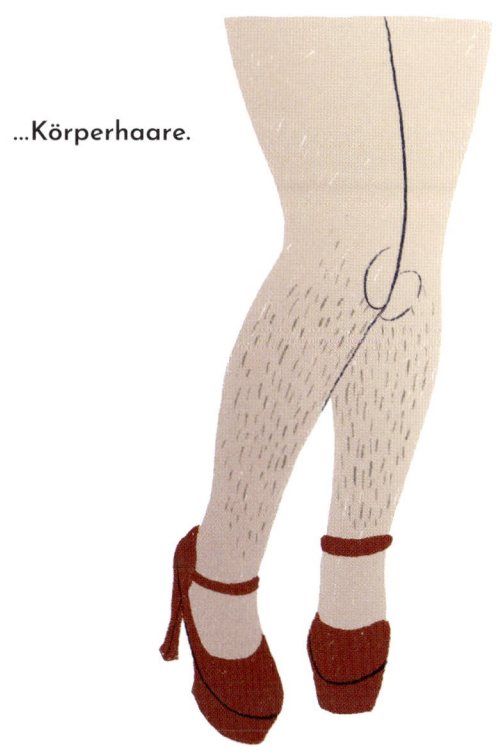

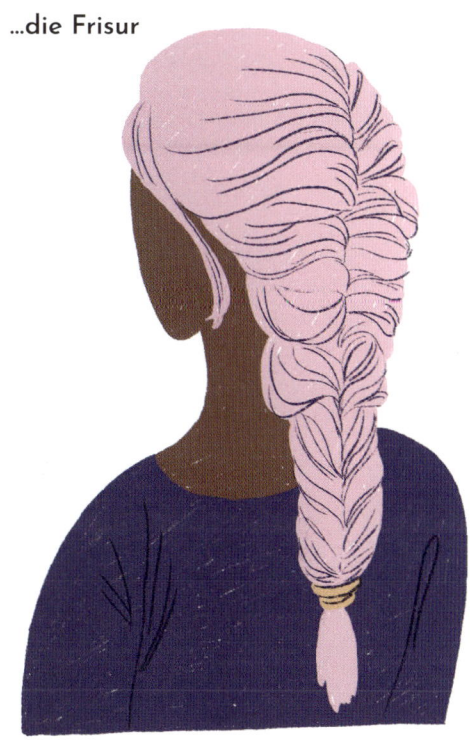

...Körpersprache.
Mädchen wird
häufig beigebracht,
still zu sitzen und
sich klein zu machen,
Jungs werden dazu
ermutigt, Raum ein-
zunehmen.

...fällt dir noch mehr ein?

Dass wir diese Ausdrücke so eng mit Männlichkeit und Weiblichkeit verbinden, müsste nicht so sein. Non-binary Personen haben häufig Probleme, einen passenden Geschlechtsausdruck zu finden, wenn sie weder als männlich noch weiblich gelesen werden möchten. Viele Feminist*innen wünschen sich, dass alle Menschen Kleidchen und Make Up tragen können, auch Männer. Und wir können alle dazu beitragen, dass diese Ausdrucksweisen für mehr Menschen offenstehen. Sowohl indem wir selbst spielerischer denken, als auch indem wir lernen, andere zu akzeptieren.

Falls du dich nicht traust, selbst herum zu experimentieren oder keine Lust dazu hast: Hier eine Anziehpuppe. Du kannst diese Doppelseite kopieren und deine Kopie ausmalen und ausschneiden. Viel Spaß beim Basteln.

Dass wir diese ausgedrückte Binarität mehrheitlich selbst so übernehmen, leben und reproduzieren, wird auch mit diesem Begriff bezeichnet:

Doing Gender

Der Begriff bedeutet übersetzt »soziales Geschlecht machen« und trifft es damit ganz gut. Geschlecht ausdrücken, bedeutet, soziale Systeme darzustellen.

An dieser Stelle wird also nicht mehr gefragt »Was ist eine Frau?« – sondern: »Wie wird eine Frau gemacht? Durch wen? Unter welchen Bedingungen? Mit welchen Zielen?«

Doing Gender betrachtet Geschlecht im Kontext von Alltagsroutine. Wir haben alle eine Alltagspraxis - was tragen wir, wie gehen, stehen, laufen wir, wie stellen wir uns dar? Und all diese Aktivitäten sind in unserer Gesellschaft mit einem Geschlecht verknüpft.

Dass wir selbst ein Geschlecht haben und in einem mehrheitlich binären System leben, bringt uns in die Verpflichtung, uns in diesem oder gegenüber diesem auch zu positionieren.

So wird Geschlecht zu Interaktion: Wir stellen selbst ein Geschlecht dar, andere nehmen ein Geschlecht wahr, wir nehmen andere genauso immer und unausweichlich mit einem Geschlecht wahr. So wird die Reproduktion des binären Systems ganz schnell zu einer unbemerkten Leistung von uns allen. Geschlecht wird alltäglich produziert.

Hast du Ideen, wie wir (Geschlechts-)Ausdruck neu denken können? Wie oft und unter welchen Bedingungen nimmst du bewusst das Geschlecht einer Person in deinem Umfeld war? Was könnten wir dagegen tun, von bestimmten Ausdrucksweisen direkt auf ein Geschlecht (und/oder eine sexuelle Orientierung) zu schließen?

Eine Performance-Kunstform, die viel mit Geschlecht und
Geschlechtsausdruck zu tun hat ist Drag.

Drag

Drag Queens & Drag Kings stellen
bewusst und absichtlich eine überspitzte
Version von Geschlechtsausdrücken dar.

Häufig im »gegen-
teiligen« des ihnen
zugeschriebenen Ge-
schlechts. Aber es kann
jede Person Drag ma-
chen, wie sie möchte.
Es gibt auch Frauen,
die Drag Queens sind.

Viele Menschen haben das Vor-
urteil, dass nur schwule Männer
Drag machen und viele Drag
Künstler*innen heimlich trans*geschlechtlich sind. Und während
Drag definitiv eine Kunstform ist,
die von der queeren Community
geprägt wurde, ist das nicht unbedingt so. Ja, manchmal finden
Menschen über Drag heraus, dass
sie trans* sind.
Aber viele haben einfach nur
Spaß an der Kunstform oder
wollen mit diesen übertriebe-
nen Geschlechtsausdrücken zum
Nachdenken anregen, andere zum
Lachen bringen, unterhalten, ein
politisches Statement setzen, …

Platz für deine Notizen:

Mit welchen Ausdrücken fühlst du dich wohl? In welchen Situationen ist dir selbst bewusst, welcher Ausdruck (un-)angemessen wäre? Woran liegt das? Welche Zusammenhänge siehst du zwischen Geschlecht und Ausdruck?

6

Coming Out/ Inviting In

Als Coming Out wird der Prozess bezeichnet, sich selbst und anderen die eigene sexuelle Orientierung und/oder geschlechtliche Identität mitzuteilen.

Ich bin genderqueer.

Okay.

Ein Coming Out haben meist nur Menschen, die sich der queeren Community zuordnen lassen.

Heterosexuelle Menschen müssen ihren Freund*innen nicht erst erzählen, dass sie hetero sind. Cisgeschlechtliche Menschen müssen sich nicht outen.

Dass wir davon ausgehen, dass eine Person hetero und cis ist, bis sie etwas anderes mitteilt, wird cis-Heteronormativität genannt. Also die Norm, hetero und cis zu sein. Alle Personen, die davon abweichen, müssen sich mitteilen.

Statt dem Begriff »Coming Out« verwenden einige Menschen auch »Inviting In«. Übersetzt aus dem Englischen bedeutet das »einladen hereinzukommen«. Diese Formulierung soll den Fokus davon wegbewegen, sich einer heteronormativen Sichtweise zu offenbaren. Es soll im Vordergrund stehen, dass beim Inviting In jemand ins Vertrauen gezogen wird - da wird jemand dazu eingeladen, an dem Leben und der Identität der Person teilzunehmen.

Eine weitere Alternative ist der Begriff »Coming Around«. Diese Formulierung soll den Fokus darauf richten, dass diese Erfahrungen immer ein Prozess sind. Niemand hat ein einziges Coming Out und ist dann für immer fertig damit. Coming Around drückt aus, dass die betreffende Person in einer aktiven Handlung immer und immer wieder über ihre Identität sprechen muss.

Coming Out bedeutet wörtlich übersetzt »herauskommen«. Wo kommen wir heraus? Wo kommen wir hinein?

Die Idee des Coming Outs wird häufig kritisiert, weil ein Coming Out ja nur dann nötig ist, wenn wir alle selbst daran glauben, dass cis und hetero sein, normal und damit nicht mitteilungswürdig sei.

Von Menschen außerhalb dieser Norm wird erwartet, dass sie ihre persönlichen Erfahrungen erklären und offenlegen. Häufig müssen sie dabei mit Ablehnung oder Diskriminierung umgehen. Trans* Personen werden nach einem Coming Out beispielsweise oft nach ihren Genitalien gefragt. Lesbische Frauen werden von völlig Fremden gefragt, wie ihr Sexleben so aussieht.

Das waren nur zwei Beispiele – die Lebensrealität von queeren Menschen ist voll davon. Deswegen habe ich ein paar Ideen gesammelt, wie du stattdessen mit dem Coming Around Around/Inviting In einer Person in deinem Leben reagieren kannst. Diese Liste ist nicht vollständig, nicht nach Wichtigkeit sortiert und du musst nicht alles davon (auf einmal) machen.

* Sei geduldig. Gib der Person den Raum, sich dir im eigenen Tempo anzuvertrauen. Manchmal will man alles sofort loswerden. Manchmal nicht so richtig drüber reden. Zwinge die Person nicht in ein Gespräch, zu dem sie (noch) nicht bereit ist.

* Nimm das Vertrauen, das dir da geschenkt wurde, ernst und respektiere die Privatsphäre der Person. Anderen Menschen die Identität der Person weiterzuerzählen, ist uncool. Nimm auch das Risiko wahr, das die Person da eingegangen ist. Mache der Person vielleicht ein Kompliment für ihren Mut. Versuche nicht kleinzureden, dass ein Coming Around wichtig und schwierig ist. »Mir ist das egal /Das ist nicht wichtig für mich«, sind Sätze, die du vielleicht eher vermeiden solltest.

* Bedanke dich für das Vertrauen.

* Statt »Das ist für mich egal/unwichtig«, kannst du sowas sagen wie: »Das ändert nichts daran, wie ich zu dir stehe« Oder benenne sogar, dass euer Verhältnis durch dieses Anvertrauen enger geworden ist.

* Versuche, nicht zu urteilen. Wenn du die Existenz der betreffenden Identität grundsätzlich infrage stellst oder diese Identität sich nur schwer mit deinen religiösen Vorstellungen vereinbaren lässt: Behalte das erstmal für dich. Ihr werdet noch jede Menge Zeit haben, diese Gespräche vorsichtig und achtsam miteinander zu führen.

* Frage die Person, ob sie eine Umarmung möchte.

* Frage, ob es irgendetwas gibt, wobei die Person Unterstützung braucht/möchte.

* Frage nach Pronomen und neuem Namen und ob es Kontexte gibt, in denen du darauf achten solltest, das Geschlecht der Person nicht zu einem Thema zu machen.

* Informiere dich selbst. Erwarte nicht von der Person, dass sie dich jetzt aufklärt. Recherchiere etwas zu der Identität, schau ein Video auf YouTube, es reichen kleine Gesten. Zeig der Person, dass du dich interessierst und dir darüber bewusst bist, dass du auf deine Verständnis-Fragen selbst Antworten finden kannst.

* Schließe die Person in deine Pläne ein. Biete der Person Raum in deinem Leben an. Es ist gut möglich, dass die Person die Unterstützung von anderen Freund*innen oder der Familie durch ihr Coming Around/Inviting In verliert oder verloren hat.

* Mach, was du immer getan hast. Wenn ihr zuvor täglich telefoniert habt oder euch alle paar Tage auf einen Kaffee trefft: Mache diese Pläne. Zeige der Person, dass sich nichts zwischen euch verändert hat.

Coming Out/ Around Prozesse werden als inneres und äußeres Coming Out/Around benannt.

Das innere Coming Out ist das Coming Out sich selbst gegenüber:

Du wirst dir selbst über deine Geschlechts-identität(en) bewusst.

HALLO, ICH BIN

queer

Das kann ein sehr langer und anstrengender Prozess sein. Dieser Prozess wird noch anstrengender dadurch, dass viele Menschen nicht den Zugang zu Informationen haben, den sie bräuchten. Oder in einer trans*feindlichen Umgebung leben. Oder keine sicheren Räume zum Ausprobieren und Experimentieren finden.

Ein inneres Coming Out zu haben bedeutet nicht, dass du das sofort mit anderen teilen musst. Oder etwas an deinem Geschlechtsausdruck ändern musst. Oder überhaupt irgendwas tun musst. Wenn du etwas ändern und erzählen möchtest: Erinnere dich selbst daran, dass du einen Schritt nach dem anderen gehen kannst und nicht in der Verpflichtung stehst, allen von deinem Privatleben zu berichten.

Zwischen meinem inneren und dem äußeren Coming Out lagen bestimmt fünf Jahre. Ich wollte erst nicht wahrhaben, dass ich trans bin, dann habe ich es immer wieder verdrängt. Die Dysphorie war für mich nicht so groß, dass ich meinen Alltag nicht mehr bewältigen konnte. Mein inneres Coming Out hat auch noch angedauert, als ich es Freund*innen erzählt hatte. Die haben zum Glück liebevoll reagiert und mich unterstützt. Erst durch die Euphorie, die ich gespürt habe, als mein Umfeld mich mit anderem Namen und Pronomen angesprochen hat und mich beim Shopping begleitet hat, konnte ich mich nach und nach selbst akzeptieren.

Das innere Coming Out war für mich nie wirklich ein Thema. Ich passe in das Narrativ der trans* Person, die schon als Kind gewusst hat, dass etwas mit dem eigenen Körper nicht passt. Das so zu erzählen und zu benennen, mache ich trotzdem sehr ungern. Denn ich möchte diese Klischees irgendwie nicht dauernd bestätigen, ich möchte mehr davon lesen und sehen, dass viele Menschen einfach unsicher sind oder lange brauchen oder erst spät im Leben ihr Geschlecht entdecken. Gleichzeitig glaube ich auch, dass es wichtig ist, Coming-Around-Geschichten zu erzählen, die so einfach und langweilig wie meine sind. Um Menschen Mut zu machen: Es muss nicht so dramatisch laufen, wie man sich das immer vorstellt.

Ich weiß schon länger, dass ich non-binary bin, aber habe es Familie und Freund*innen noch nicht gesagt. Als ich über Geschlechtsidentitäten ganz allgemein mit ihnen gesprochen habe, wurde klar, dass sie alle eine eher negative Einstellung haben oder nicht daran glauben, dass das echt ist. Und jetzt habe ich Angst, dass sie auch schlecht auf mich reagieren werden.

Der Druck, den ich gespürt habe, erst alles für mich geklärt und beantwortet zu haben, bevor ich irgendjemandem davon erzähle, war viel zu groß. Weil Outing eh schon so schwierig ist und viel Mut braucht, will man selbst ja auch möglichst glaubhaft und selbstsicher dabei rüberkommen. Inzwischen wünsche ich mir, dass ich mir nicht so einen Stress gemacht hätte – die eigene Identität zu klären ist ein lebenslanger Prozess.

Das äußere Coming Out/Around ist das Coming Out/ Coming Around gegenüber anderen.

Mit diesem ist wohl auch nie wirklich jemand fertig. Denn man lernt ja immer wieder neue Leute kennen, mit denen man eventuell auch irgendwann über solche Themen sprechen möchte. Zu einem äußeren Coming Out sollte dich aber niemand zwingen.

Anderen von der eigenen Geschlechtsidentität zu erzählen, wenn diese von der cis-geschlechtlichen Norm abweicht, ist für viele ein erstmal angsteinflößender Prozess. Vor allem zu Beginn, wenn für einen selbst alles noch neu und unsicher ist, ist die Sorge vor negativen Reaktionen groß.

Sich bei der eigenen Familie zu outen fühlt sich für einige Menschen am riskantesten an. Das sind die Menschen, die uns am längsten kennen und deren Zurückweisung uns möglicherweise am meisten verletzen könnte.

Sollte deine Familie mit Hass, Gewalt oder in anderer Form negativ reagieren: Das ist nicht deine Schuld, mit dir ist nichts falsch! Ganz hinten im Buch findest du eine Liste von Anlauf- und Beratungsstellen, die dich in so einem Fall unterstützen.

Meine Familie ist sehr religiös. Nach meinem Outing haben viele für Monate nicht mit mir gesprochen, auch mit meinen Eltern und Geschwistern war die Stimmung angespannt. Neulich hat meine Tante gesagt, dass Gott mich aus einem Grund so geschaffen hätte. Das war einer der schönsten Sätze, obwohl ich selbst nicht an Gott glaube.

Meine Mutter glaubt bis heute nicht, dass ich ein Junge bin. Sie spricht mich weiter mit meinem alten Namen an und kauft Kleider für mich und all sowas. Bevor ich mich als trans geoutet habe, hatten wir ein enges Verhältnis. Aber seitdem sind wir sehr distanziert. Wir tun beide so, als hätte es das Coming-Out-Gespräch nie gegeben und vermeiden alle persönlichen Themen. Manchmal wünschte ich, dass ich mich bei ihr nie geoutet hätte. Aber ich musste mich entscheiden: Mein Geschlecht offenbaren oder eine gute Beziehung zu meiner Mutter haben.

Meine Eltern haben mich nach meinem Inviting In rausgeworfen. Also nicht direkt danach, es gab zuerst Gespräche über Therapie und viel Streit und am Ende war klar: Wir können nicht mehr zusammenleben. Darüber hinweg gekommen, bin ich bis heute nicht richtig. Die Menschen, die einen bedingungslos lieben sollten, die eigene Familie, schafft es nicht, einen als die Person anzunehmen, die man ist. Ich habe danach bei meiner Oma gewohnt. Sie hat immer gesagt, sie will gar nicht genau wissen, was das heißt, nur dass es mir gut geht. Ihre Unterstützung konnte aber nicht heilen, was meine Eltern gemacht haben. Heute reden wir gar nicht mehr miteinander.

Meine Eltern haben richtig gut reagiert. Ich war so nervös, als ich es ihnen gesagt habe. Meine Mutter meinte nur, dass sie es nicht versteht, aber alles unterstützt, was mich glücklich macht. Mein Vater hat mich lang in den Arm genommen.

In der Schule / Uni / am Arbeitsplatz wird der Aspekt der legalen Transition (S. 90) dann wichtiger, als er sein sollte.

Öffentliche Einrichtungen weigern sich häufig, einen anderen Namen auf Dokumente zu schreiben als den, der auch im Ausweis steht. Für trans* Personen, deren Personenstand (noch) nicht dem Geschlecht entspricht, das sie leben und ausdrücken, kann es deswegen schwierig sein, einen Job zu finden. An einigen Schulen gibt es getrennten Sportunterricht oder geschlechtsspezifische Schuluniformen.

In diesen Kontexten kann ein Outing für jemanden also sehr wichtig sein – und gleichzeitig sehr bedrohlich, weil Bildung, Abschluss oder finanzielle Sicherheit daran hängen.

Ich hatte so großes Glück mit meiner Uni. Als ich mich geoutet habe, hat die Studiengangsleiterin eine Mail an alle Dozent*innen geschrieben und geklärt, dass mein Name in den Kursen und auf Unterlagen geändert wird. Auf meinem Studierendenausweis steht immer noch mein alter Name, weil ich meinen Perso noch nicht ändern konnte. Aber meine Hochschulmail ist richtig und alle Leute in meinen Kursen geben sich Mühe und ich fühle mich so privilegiert, weil ich immer wieder gefragt werde: Was brauchst du, wie können wir dich unterstützen?

Ich habe früher geheim gehalten, dass ich inter* bin. Erst seit es einen öffentlichen Diskurs darüber gibt, und jetzt auch den dritten Geschlechtseintrag, setze ich mich selbst damit mehr auseinander. Ich überlege, meinen Namen zu ändern und habe mit meinen Freund*innen darüber gesprochen. Teilweise habe ich es vermutlich leichter als andere, weil ich ganz klar sagen kann: »Das ist mein Körper, das ist wirklich und echt und schon immer so gewesen.« Andererseits wissen viele Menschen immer noch nicht, dass es Inter*geschlechtlichkeit gibt - ein Coming Out ist für mich deswegen immer mit Aufklärung verbunden.

Alle Menschen in meinem Umfeld, außer meinem Chef, wissen, dass ich non-binary bin. Für alle ist es keine große Sache. Klar gab es am Anfang viele Fragen und einige verstehen bis heute nicht, was das für mich bedeutet - aber im Großen und Ganzen hatte ich keine schlechten Erfahrungen bisher. Ich würde mich auch gerne auf meiner Arbeit outen, aber mein Chef hat schon mehrfach homo- und transfeindliche Witze gemacht und ich habe Angst, meinen Job zu verlieren.

In meiner Schule war ich erstmal nicht geoutet. Dann hat unser Sportlehrer angekündigt, dass Mädchen gegen Jungs spielen. Die Mädchen gehen also zu der einen Seite der Sporthalle, die Jungs zu der anderen und ich stand überfordert in der Mitte. Als der Lehrer fragte, was los sei, flüsterte ich, dass ich nicht wisse, welches Geschlecht ich habe - dann durfte ich Schiedsrichter*in sein und die Sache war erledigt.

Meine Freundinnen in der Schule haben okay reagiert, als ich mich als agender geoutet habe. Sie waren ein bisschen verwirrt zuerst, aber nicht gemein oder so. Ein paar Tage später haben sie dann in der Pause darüber diskutiert, ich denke sie hatten einfach immer noch viele Fragen. Aber damit haben sie mich vor allen anderen in der Klasse geoutet und es wurde ein ganzes Schuljahr dauernd über mich gelacht - viele haben nicht geglaubt, dass agender wirklich ein Ding ist. Es gab so Momente, in denen mir die Toilette von anderen versperrt wurde, weil ich ja kein echtes Mädchen sein wolle. Ich wurde oft Zwitter gerufen. Nach einer Weile haben sich alle beruhigt, aber die Freundschaften, die ich davor hatte, haben das nicht überlebt.

Niemand hat ein Recht auf deine Geschichte. Es ist deine Geschichte. Wem du genug vertraust, um dich zu outen, ist allein deine Entscheidung.

Platz für deine eigenen Notizen:
Mit wem hast du bisher über dein Geschlecht gesprochen? Wie wurde damit umgegangen? Bei welchen Personen in deinem Umfeld denkst du über deren und dein Geschlecht nach? Warum? Wie geht es dir mit dem Gedanken an ein Coming Around/Inviting In? Welche Reaktion erwartest du von den Menschen in deinem Leben, wenn du Geschlecht zu einem Thema machst? Wie würdest du selbst gerne reagieren?

7

Und jetzt!?

Das waren nun ganz schön viele Informationen. Und möglicherweise viel Neues für dich. Was du ganz persönlich jetzt mit diesen Informationen machst, ist dir überlassen.

Vielleicht reicht es dir jetzt mit dem Geschlechterthema - voll in Ordnung, die Welt hat noch so viele andere spannende Dinge zu bieten, übers die du etwas lernen kannst. Und für manche Menschen ist Geschlecht eben sehr wichtig und für andere eher nicht so.

Vielleicht willst du noch mehr lesen (Lese- und Infotipps auf den letzten Seiten). Vielleicht musst du erstmal durchatmen und die ganzen Inhalte sacken lassen.

Falls du dich gerade aber fragst: »Was mache ich jetzt mit all diesen Infos? Was bedeutet das ganz konkret in meinem Alltag?« - Auf den nächsten Seiten ein paar Ideen, was es bedeuten könnte.

Akzeptiere dich selbst, wie du bist, und versuche, dein Selbstbild aktiv von Geschlechternormen zu lösen.

Reflektiere regelmäßig, wie selbstbestimmt du handelst – und wann Normen deinen Weg vorgeben.

Stresse oder hetze dich nicht. Geschlecht zu verstehen, braucht Zeit, wenn es überhaupt möglich ist. Das passiert alles nicht über Nacht.

Versuche, das Geschlecht von Menschen, die du gerade erst kennenlernst, nicht einfach zu vermuten. Auch dann nicht, wenn diese Personen sich entlang traditioneller Geschlechterrollen ausdrücken.

Stelle dich anderen Menschen nicht nur mit deinem Namen, sondern auch deinen Pronomen vor.

Reflektiere deine Privilegien. Versuche vielleicht aktiv, die Stimmen von weniger privilegierten Personen zu unterstützen, zu teilen und ihnen wirklich zuzuhören.

Sag was gegen Sexismus, Homo- und Trans*feindlichkeit. (Vorausgesetzt du fühlst dich selbst sicher genug.)

Reflektiere deine internalisierten (also verinnerlichten) und möglicherweise teilweise unbewussten Vorurteile. Wir sind alle mit Sexismus und Heteronormativität aufgewachsen - es ist deswegen ganz normal, dass solche Vorurteile auch in unseren Köpfen existieren und wir noch viel zu lernen haben. Lasst uns einander beim Wachsen und Verstehen und Mitfühlen helfen.

Frag dich hin und wieder, warum wir als Gesellschaft etwas so tun und nicht anders. Warum ist das die Norm? Brauchen wir die wirklich? Woher kommt die?

Überdenke geschlechtsspezifische Handlungen. Warum sollte zum Beispiel immer der Junge nach dem ersten Date fragen? Warum sollen Mädchen im Haushalt helfen?

Mache dir immer wieder bewusst, dass Objekte kein Geschlecht haben. Kleidung, Frisuren, Nagellack, Deo, Spielzeug und auch alles andere kann von jedem Menschen genutzt werden.

Wenn du dich außerhalb der cis-geschlechtlichen Norm wiederfindest und das möchtest: Finde deine Community. Offline und online gibt es Menschen, die sich so identifizieren wie du und mit denen du dich austauschen kannst. (Anlaufstellen hinten in den Ressourcen.)

Hast du noch mehr Ideen?

Fang an, mit Freund*innen über Geschlecht zu sprechen. Einfach nur so. Wir haben alle ein Geschlecht und uns über Erfahrungen und Gedanken auszutauschen, kann uns eigentlich nur weiterbringen.

Wie geht es dir, nachdem du all das nun gelesen hast? Welche Gedanken gehen dir gerade durch den Kopf, was fühlst du so? Was hast du gelernt? Über welche Aspekte von Geschlecht möchtest du nochmal intensiver nachdenken? Was willst du aus diesem Buch mitnehmen? Hier hast du Platz für alle Notizen, die du zuvor nirgends unterbringen konntest.

RESSOURCEN

ANLAUFSTELLEN

Notfalltelefon des TransMann e.V.: 0180 3851 999
LGBT+ Helpline: 0800 133 133
Kinder- und Jugendteleon: 116 111
Hilfetelefon Gewalt gegen Frauen: 08000 116 016

Jugendnetzwerk Lambda e.V.

Antihelden: Onlineberatung für Jungen und junge Männer von 10-27

dgti - Deutsche Gesellschaft für Transidentität und Intersexualität

OII/IVIM Deutschland - Internationale Vereinigung intergeschlechtlicher Menschen

Landesverbände intersexuelle Menschen e.V.

Eltern intersexueller Menschen e.V.

ftm Portal e.V.

Jugendberatungsprojekt In&OUT

Regionale Beratungsstellen und Jugendgruppen sind beispielsweise auf meingeschlecht.de aufgelistet.

YOUTUBE

Kat Blaque

Ash Hardell

Jamie Dodger

Jackson Bird

Contra Points

Riley J. Dennis

Upper Case Chase

Auf Klo

Zimtkopfliest

BÜCHER

»Nenn mich Kai«, Sarah Barczyk

»Stone Butch Blues«, Leslie Feinberg

»To My Trans Sister«, Charlie Cragg

»Man Alive«, Thomas Page McBee

»Trans Bodies, Trans Selves«, Laura Erickson-Schroth

»Paul Takes the Form of A Mortal Girl«, Andrea Lawlor

»I'm Afraid of Men«, Vivek Shraya

»Uncomfortable Labels: My Life as a Gay Autistic Trans Woman«, Laura Kate Dale

»Black on Both Sides: A Racial History of Trans Identity«, C. Riley Snorton

»Queer. Eine illustrierte Geschichte«, Meg-John Barker & Jules Scheele

»Detransition, Baby«, Torrey Peters

»Beyond the Gender Binary«, Alok Vaid-Menon

Du hast nun das Ende von diesem Buch erreicht. Ich hoffe, dass du diese Seite mit viel neuem Wissen, aber noch mehr Neugier und Fragen erreicht hast. Danke, dass du dir die Zeit genommen hast, all das zu lesen. Danke, dass du meinen Wörtern und Illustrationen deine Aufmerksamkeit geschenkt hast.

Ein großer Dank geht außerdem an all die Menschen, die mir erlaubt haben, ihre Stimmen hier zu teilen. Ich habe im Laufe eines Jahres über 100 Menschen die gleichen Fragen zu ihrem Geschlecht gestellt. An jede dieser Personen: Danke für deine Offenheit, danke für das Teilen deiner Geschichte, danke für deine Unterstützung.

Und Danke an Lou, der ich dieses Buch gewidmet habe: Du hast mir geholfen, meine eigenen Gedanken zu Geschlecht zu sortieren, und deine Freund*innenschaft bedeutet mir die Welt.

Julia Scheele & Meg-John Barker

Queer
Eine illustrierte Geschichte
aus dem Englischen von Jennifer Sophia Theodor
184 Seiten | 16 Euro | ISBN 978-3-89771-311-6

Charaktere aus verschiedenen Welten – Pop-Kultur, Film, Aktivismus, Wissenschaft – führen die Leser*innen durch diesen Sach-Comic und stellen Ideen, Menschen und Ereignisse vor, die die Queer-Theorie geformt haben. Es geht um Identitätspolitik und Geschlechterrollen, Privilegien und Exklusion.

Queer erläutert, wie wir dazu kamen, sex, gender und Sexualität so zu sehen, wie wir es heute tun, und stellt heraus, wie diese Ideen mit unserem Verständnis von Biologie, Psychologie und Sexualwissenschaft verbunden sind.

Gezeigt wird auch, wie diese Perspektiven immer wieder bestritten und herausgefordert wurden.

UNRAST Verlag | www.unrast-verlag.de | kontakt@unrast-verlag.de

Antje Schrupp & Patu

Kleine Geschichte des Feminismus
im euro-amerikanischen Kontext

88 Seiten | 9.80 Euro | ISBN 978-3-89771-314-7

Philosophinnen, Rebellinnen, Aktivistinnen: Dieser Comic erzählt die Geschichte des Feminismus im euro-amerikanischen Kontext von der Antike bis heute. Vorgestellt werden dabei nicht nur einzelne Feministinnen, sondern auch wichtige feministische Debatten, zum Beispiel über gleiche Rechte, Hausarbeit, freie Liebe, Gleichheit und Differenz oder Gendermainstreaming, in ihrem jeweiligen historischen Kontext.

»Ein äußerst empfehlenswertes Werk, um sich in kurzer Zeit einen Überblick über feministische Herstory zu verschaffen und dabei noch durch geniale Zeichnungen und Textblasen gut unterhalten zu werden.«

Tina Schulze, Missy Magazine

UNRAST Verlag | www.unrast-verlag.de | kontakt@unrast-verlag.de

Hanna Poddig & Christopher Leo

Kleine Geschichte der Umweltbewegung

Von Radieschen und Revolutionen
Ein Aufklärungscomic

88 Seiten | 9.80 Euro | ISBN 978-3-89771-285-0

Die Kleine Geschichte der Umweltbewegung ist ein Sachcomic über die Geschichte der Umweltbewegung in Deutschland, der exemplarische Blicke über den Tellerrand hinaus auch in andere Regionen der Welt wirft.

Nach der sogenannten ersten Umweltbewegung – soziale Bewegungen für Naturschutz in den ersten Jahrzehnten des 20. Jahrhunderts – wird der Weg beschrieben, den die zweite Umweltbewegung ab den 1970er Jahren hin zu den Klimakämpfen von heute genommen hat: von den Anti-AKW-Kämpfen in Wyhl, Wackersdorf, Brokdorf und im Wendland sowie in Lingen und Gronau über den Widerstand gegen Chemiewerke oder den Neubau von Flughäfen, Bahnhöfen und Autobahnen bis zum Hambacher Forst, den Fridays for Future und der Besetzung von Innenstädten.

UNRAST Verlag | www.unrast-verlag.de | kontakt@unrast-verlag.de

Brad Evans & Sean Michael Wilson

Kritik der Gewalt
Eine illustrierte Geschichte radikalen Denkens

aus dem Englischen von Sven Wunderlich
136 Seiten | 14.80 Euro | ISBN 978-3-89771-228-7

Der renommierte Soziologe und Autor Brad Evans hat gemeinsam mit Michael Wilson die Illustrierte Geschichte radikalen Denkens geschrieben, eine fesselnde Schilderung der bedeutendsten Theorien und Ereignisse in der Geschichte der philosophischen Auseinandersetzung mit Gewalt.

Illustriert von sechs bekannten Comiczeichner*innen erzählen sie von zentralen Persönlichkeiten und ihren radikalen Ideen: Hannah Arendt (Die Banalität des Bösen), Franz Fanon (Die Verdammten dieser Erde), Paolo Freire (Pädagogik der Unterdrückten), Michel Foucault (In Verteidigung der Gesellschaft), Susan Sontag (Das Leiden der anderen betrachten), Judith Butler (Gefährdetes Leben) und andere ...

UNRAST Verlag | www.unrast-verlag.de | kontakt@unrast-verlag.de

Louie Läuger

»da unten«

Über Vulven und Sexualität.
Ein Aufklärungscomic

3. Auflage

116 Seiten | 12.80 Euro | ISBN 978-3-89771-324-6

Über Vulven reden wir nicht, sogenannte weibliche Sexualität ist ein Tabu, Doppelstandards ganz normal. Mit all diesen Dingen möchte »da unten« brechen und als illustriertes Aufklärungsbuch seine Leser*innen zu selbstbestimmten Entscheidungen ermutigen.

Die dreizehn Kapitel geben einen ersten Überblick – von Anatomie über Menstruation zu Pornographie und Masturbation bis Verhütung, Begehren und Lust. Dabei führt die Autorin in illustrierter Form selbst durch das Buch und stellt in jedem Bereich klar: Dein Körper, deine Entscheidung!

»Aufklärerisch, genau, detailliert und empowernd wirkt das Buch nicht nur als tolle Lektüre für Heranwachsende …« – *Radio Corax*

UNRAST Verlag | www.unrast-verlag.de | kontakt@unrast-verlag.de